그럴 수밖에 없는 그릴 수밖에 없는

시각예술작가 아홉 명의 그림 에세이

청색종이

서문

-

걷는 걸음마다 그려지는 것들

 어떤 종류의 삶은 자신의 의지와 무관하게 우리의 삶으로 틈입하는 경우가 있습니다. 즐거운 순간이 아닐 수 없습니다. 서로 다른 삶의 만남은 각자에게 새로운 인식을 주는 일이 다분하기 때문입니다. 대체로 예술가들의 삶이 그러합니다. 문래동 거리를 좋아하는 이유이기도 합니다. 이 거리의 복잡한 골목 사이에는 이곳을 거쳐간 많은 예술가들의 흔적이 있습니다. 그들이 걸었던 길을 따라 천천히 다시 걷습니다. 내딛는 걸음 하나하나마다 그들의 삶이 그려내는 투명한 풍경이 거리에 그려집니다.

 한 걸음을 걷습니다.
 낡고 허름한 거리의 한 쪽에 우리와는 전혀 다른 것을 보는 사람이 서 있습니다. '안 된다'라는 말에서 불편함을 느끼는 사람. 그는 버려진 쓰레기들의 모임에서 존재의 쓸모없음을 보는 것이 아니라 드러나지 않은, 아니 어쩌면 드러나지 못한 그 안의 잠재태들을 찾아내려는 사람입니다.(나현정) 골목의 다른 쪽에는 삶이라는 고독한 길에서 "어떤 신비에 접근하리라는 희망의 끈을 놓지 않고" "망망대해인 우주를 떠도는 영혼의 흔적"을 만날 수 있습니다.

그 사람은 분명 모든 버려진 것을 포용하는 '바늘'의 마음을 가진 사람임이 분명해 보입니다.(박혜원) 쓸쓸함과 어둠으로 가득한 세상에 자신의 실존을 알리고자 무수히 새겨진 삶의 "손자국"들이 있습니다. 그리고 그 어둠 속을 "오래오래 걸어와 부은 발등"을 부여안고 그 자국 위에 또 하나의 손자국을 남기려는 시인이자 화가의 아름다운 이야기도 골목에 새겨져 있네요.(정정화)

다시 한 걸음 걷습니다.
"하나의 개념에 깊이 몰입"한 사람이 보입니다. 파랑 안에 층층이 포함된 다른 파랑들로 둘러쌓인 '기적' 같은 "파랑의 바다"에서 노니는 기분이라는 건 도대체 어떤 기분일까요. 아마 영원히 알 수 없을지도 모르겠습니다. 그러니 여기서 함께 슬쩍 그 기분을 엿보는 건 어떨까요?(양해영) 듣지도 하지도 않은 말이 기억에 남는 순간이 있습니다. 이는 어떤 기이한 현상일까요? 그에 대한 대답 또한 여기서 찾을 수 있습니다. 타인의 삶의 조건에 대한 이해가 그렇습니다. 이런 통찰을 만나게 되면 읽는 사람 또한 버릇처럼 "내 삶의 주머니를 뒤지게 됩니다."(이록현) 문래동! 정겹고 아름다운 풍경이지만 젠트리피케이션이라는 피할 수 없는 현실도 있습니다. 동일한 풍경처럼 보이는 거리이지만 어떤 이는 그 거리를 투사하여 그 안에서 "생산과 소비의 충돌"이라는 서로 다른 미래가 담긴 두 개의 상반되는 풍경을 찾아 내보이기도 합니다.(송호철)

고개를 들어 또 한 걸음 걷습니다.
위를 보는 사람이 있습니다. 오래전 시스티나 성당의 미켈란젤로처럼 예술가들은 등이 부서지는 통증에도 내내 위를 보는 사람입니다. 그들은 도대체 왜 이런 삶을 받아들이는 걸까요? 까닭은 어렵지 않습니다. 그럴 때 그들은 종종 다른 이들이 보지 못하는 "재미있는 광경"을 목격하기 때문입니다.(안경진) 예술가들이 예술 활동을 하는 이유이기도 합니다. 어쩌면 그들이 예술을 찾은 것이 아니라 예술이 자신이 거할 적합한 자리를 찾다 그런 고통을 견딜 수 있는 사람들을 찾아온 것인지도 모릅니다. "마치 명예로운 기사에게 왕이 하사하는 검을, 감격의 울렁임을 갈무리하"라는 것처럼 말입니다. 이른바 '소명(calling)'이라는 것이지요.(현병연)

그러므로 "역사가 인간이 거쳐온 모습"에 대한 기록이라면, 이 책은 미로 같이 복잡한 문래동의 골목과 "건물을 거쳐간 사람들의" 삶과 예술활동의 기록이 담긴 역사이자 예술가들의 예술작품이기도 합니다. 동시대 예술에 있어 "작업이란 작품이 아닌 '아트워크' 그 자체"이기 때문입니다.(김홍빈) 문래동을 걷는 것을 좋아하는 저는 여기서 이 말을 '아트워크(Art-Walk)'로 읽었습니다만 그래도 크게 틀리지 않을 것이라 내심 생각합니다.

이제 모두 함께 문래동의 풍경 속으로 걸어 들어갈 준비가 되어 있을 것이라 믿습니다. 마침 일본의 시인 요사노 아키코의 멋진 문장이 문래동 거리에서 우리를 기다리고 있군요. 모두의 마음 또한 이와 다르지 않을 것이라 생각합니다.

"오늘밤 이 거리에서 만나는 사람들은 모두 아름답게 생각되는 것이다."

김대현 문학평론가

목차

그럴 수밖에 없는 그럴 수밖에 없는
시각예술작가 아홉 명의 그림 에세이

서문 | 걷는 걸음마다 그려지는 것들 — 김대현 문학평론가 3

1부 _ 그리기 위해서 내가 아닌 것이 무엇인지에 대해

드로잉 다이어리 — 나현정 13

실마리 — 박혜원 35

다른 손을 위한 포에지 — 정정화 63

2부 _ 알 수 없는 먼 곳을 아련하게

우리가 잠들어 있는 동안 별은 피고 진다 — 양해영 93

그림 없는 말 — 이록현 119

균열의 틈으로부터, 몇 개의 문래동 이야기 — 송호철 141

'緣' - 이어지다(連) — 현병연 163

3부 _ 바뀔 수 없는 현실과 바꿀 수 있는

One Day - Allegory — 안경진 191

이민가방 - A Travel Bag with Large Rollers in Iran — 김홍빈 213

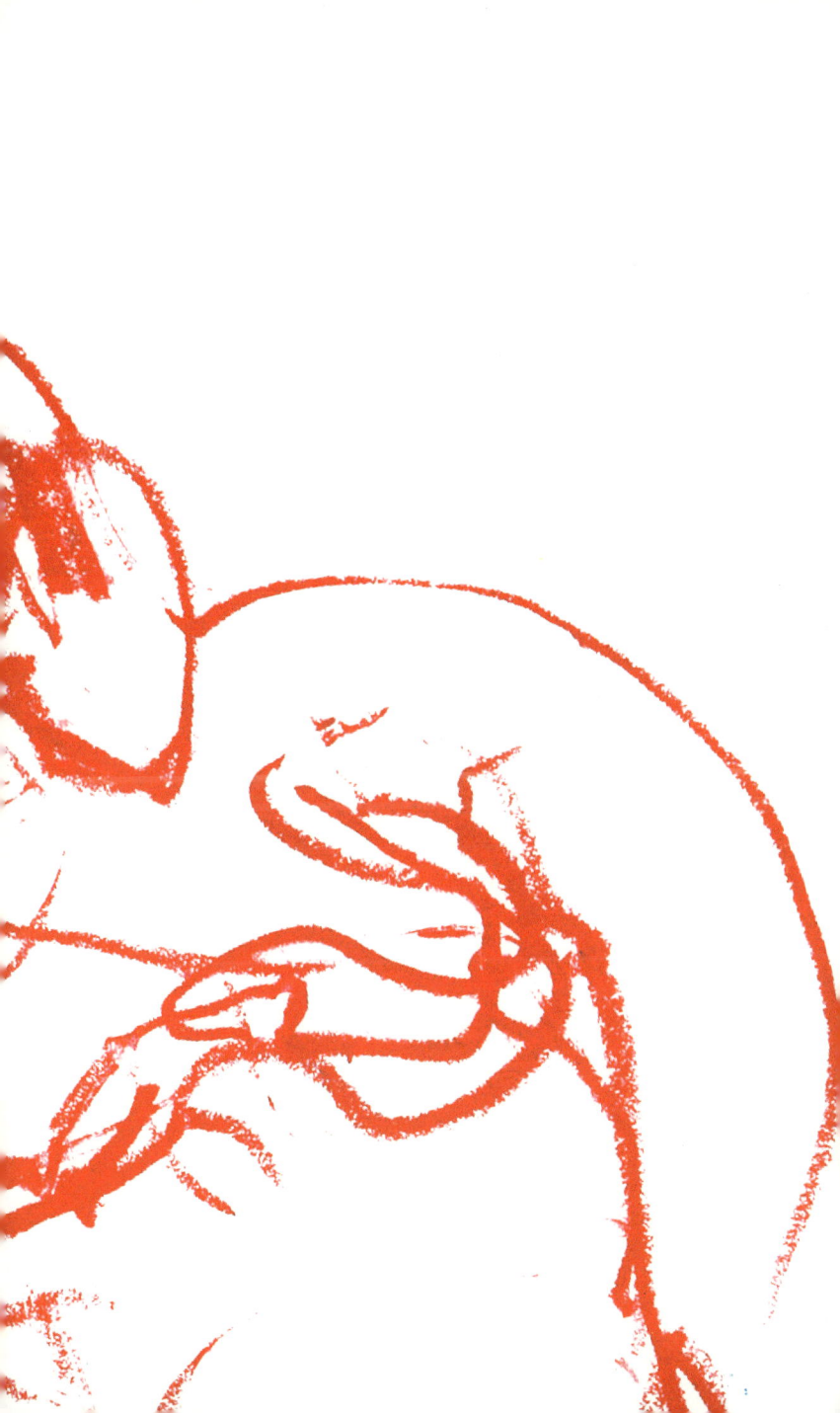

그러기 위해서 내가 아

1 부

낡 것이 무엇인지에 대해

확장되는 몸, 종이 위에 콘테, 29×42cm

드로잉 다이어리

-

나현정

2017. 1.20

지난 몇 달간 했던 드로잉들이 책상 위에 쌓여 있다. 찢거나 잘라낸 드로잉 조각들. 너덜너덜한 종이가 쌓인 것에서 허물어진 풍경이 떠오른다. 골목길이나 공사장에서 마주친 난장. 파편들 위로 덮인 방수포, 들쑥날쑥한 철골들, 그 사이로 솟구친 가재도구, 갖가지 삶의 조각들이 뒤섞인 장면. 잃어버린 부분과 남은 것이 공존하는 흔적에서는 쉽사리 눈을 뗄 수가 없다. 불필요한 찌꺼기로 여겨지는 것들은 그것이 살았던 시간을 떠올리게 한다. 찢겨나간 드로잉에서 연상되는 사람의 몸. 부서진 나무에서 떠오르는 의자. 그밖에도 알 수 있거나 알 수 없는 것. 수많은 가능성들. 갑자기 나는 이 쓰레기들을 내다 버리기 전에 사진으로 찍어놓고 싶어졌다. 얼기설기 재구성해 사진을 찍어보니 그럴듯하다. 마치 하나의 작품인 것처럼.

2017. 5.17

작업실을 정리하다 몇 년 전의 크로키북을 발견했다. 겨울, 지하 1층 한가운데서 포즈를 취하던 누드모델. 30초, 1분, 1분 30초 안에 바뀌던 포즈들. 크로키의 선들은 순간의 에너지를 담고 있었다. 이어질듯 끊어지는 선, 겹쳐지거나 흩어지는 움직임들. 눈으로 형태를 따라가며 당시 나의 동작들을 복기해본다. 팔을 확 뻗었다 좁히기, 어깨부터 힘을 실어 선긋기, 손목에 힘을 빼고 손가락 끝으로 움직이기. 이 제스처들은 내 것이지만 모델에게서 나온 것이기도 하다. 그런 면에서 이것은 단순히 모델의 움직임을 종이에 축소한 것이 아니라, 나의 움직임과 겹쳐 놓은 것이다. 두 사람의 움직임이 선으로 만났던 순간이다.

2017. 9.2

요즘 매일 선을 긋는다. A4 사이즈의 종이에 먹이나 목탄

으로 긋고, 다시 긋고 하는 일을 반복한다. 무엇을 묘사하려거나 구체적인 내용을 담으려는 것은 아니다. 언뜻 보아 상형문자나 기호처럼 보이는 단순한 형태들이 즉흥적으로 그어질 뿐이다. 그린다기보다는 수행을 하고 있는 것 같기도 하다. 선을 긋는 반복적 행위는 단순해보이지만 긴장되는 일이기도 하다. 매번 선을 그을 때마다 나는 새로운 것을 시도하고 있다. 나는 단 한 번도 똑같지 않은 선들을 긋게 될 것이고, 되도록 같은 것을 긋지 않으려 할 것이기 때문이다. 어느 순간 틀에 갇힌 느낌이 들면 내 몸을 불편하게 만드는 방식을 통해 새로운 감각을 찾아본다. 손가락이나 손목의 관절을 익숙하지 않은 방식으로 사용하는 것, 손이 아닌 다른 도구를 사용하는 것, 이제까지 하지 않았던 움직임을 팔이나 어깨에 넣어보는 것 등이다. 그리고 예상치 못한 즉흥성을 만드는 것. 그래서인지 내가 그은 선들은 정지하지 않고, 운동하는 것처럼 같아 보인다. 나의 움직임이 화면을 침범하고 그것을 다시 받아 움직이는 것. 마치 핑퐁을 하는 것처럼. 그것이 내 그림이 되어가는 과정이다.

2017. 11.2

"어떻게 해서 그림을 그리게 됐어요? 미대를 나온 것도 아닌데"라는 질문을 종종 듣는다. 20대 후반이 되기 전까지, 지금처럼 작업실에서 그림을 그리고 있는 내 모습에 대해 생각하지 못했다. 어렸을 때의 기억으로 되돌아가면, 엄마를 졸라서 미술학원에 갔던 일이 생각난다. 스케치북에 나뭇잎을 그렸는데, 선생님이 그렇게 그리면 안 된다고 말하면서 표본이 되는 그림을 그려주었다. 어린 마음에도 왜 그것은 맞고 내가 한 것은 틀리는지 이해하기 어려웠다. 내가 하고 싶은 대로 그려서는 안 되는 걸까, 라는 답답함을 느꼈다. 그러다 점점 미술학원에서 그리는 것에 흥미를 잃었고 어느 순간 더 이상 다니지 않게 되었다. 나는 지금도 '안 된다'라는 말을 들으면 뭐라 말할 수 없는 불편한 감정을 느낀다. 이것은 어쩌면 트라우마라고 할 수도 있는데, 미술학원에 대한 일화뿐 아니라 어렸을 때부터 내가 겪은 수많은 부정들이 눈덩이처럼 쌓인 것이다. 어쩌면 그림을 그린다는 것은 여러 가지 선택지 중 거의 유일하게 내가 하고 싶은 대로 할 수 있는 것, 눈치 보지 않고 있는 그대로 나를 드러낼 수 있는 것이었다. 주저하다 결국 입시미술을 하지 않은 것도 순수한 즐거움과 자유로움을 뺏길 수 있다는 두려움과 의심이 앞섰기 때문이다. 다 같이 모여 아그리파를 그리고 원뿔을 그리는 것, 그리고 그것을 주제로 시험을 치

르는 것은 왠지 내가 하고 싶은 일 같지 않다고 느꼈다. 생각해보니 내가 원하는 것은 이거야, 라고 하나를 향해 돌진하기보다는 의심하거나 머뭇거리거나 주변에서 빙빙 돌았던 적이 많았다. 어쩌면 내가 원하는지도 모르는 일들을 기웃거리거나 실패했고, 그것이 내 것이 아니라는 걸 깨닫고 하나하나 버리기도 했다. 그러다 보니 어느 순간 그림을 그리고 있었다. 느슨하게 살았지만 그 와중에도 내가 누구인지는 늘 알고 싶었던 것 같다. 그러기 위해서 내가 아닌 것이 무엇인지에 대해 경험하는 과정들, 시행착오들. 그래서 지금은 내가 어떤 사람인지 희미하게나마 느끼는 기분이다. 나는 부정에 대한 작용으로 이루어진 사람이 아닌가 싶다.

2017. 12.8

드로잉만 하다가 다시 캔버스에 그림을 그리기 시작했다. 내가 그린 것은 캔버스를 빽빽하게 채워도 드로잉인 것 같다. 페인팅이라고 말할 수도 있고 드로잉이라고 볼 수도 있다. 그리고 추상화인 것 같기도 하고 구상화인 것 같기도 하다. 아마 나는 그 무엇에도 완전히 속하고 싶지 않은 것인지 모른다. 경계에 머무르는 것.

2017. 12. 23

가끔 오븐에 스콘 같은 간단한 빵을 구울 때가 있다. 그것이 어떤 형태로 나오느냐를 정확히 예측하고 완벽하게 완성하려고 하기보다는 그것이 반죽이 되는 상황과 변수를 느끼고 즐기려고 한다. 재료의 배합부터 반죽의 질기, 온도, 속도감, 성형하기, 그리고 그 과정에서의 변화가 결과에 주는 영향, 이 모든 화학작용이 어우러져 나오는 빵이라는 형태. 드로잉은 빵을 완성하기 위함이 아니라 빵을 반죽하고 있는 과정이라고 할 수 있을 것 같다. 그러니까 언제나 새롭고, 가능성이 있다.

2018. 1. 25

병원에 아빠를 보러 갔었다. 뇌경색 때문에 얼굴이 많이 비틀어졌다. 마음이 불편해서 얼굴을 정면으로 보는 것이 힘들었다. 얼굴 한쪽이 마비돼서 입술도 바르지 않고, 눈동자 한쪽도 방향이 조금 이상해 보였다. 재활운동을 하고 있거나 의자에서 쉬고 있는 다른 환자들도 모두 어딘가 비틀어진 모습이다. 얼굴이 구겨진 파지들 같았다. 처음으로 아빠 얼굴을 그림으로 그리면 어떨까 하는 생각이 들었다.

2018. 2.4

목포 여행을 다녀왔다. 목포는 내가 초등학교도 들어가기 전 잠깐 살았던 곳이다. 너무 어렸을 때여서 이곳에 대한 기억이 전혀 남아 있지 않다. 다만 내가 이곳에 살았었고, 이곳의 말을 썼다는 것. 그러니까 나도 모르게 이곳의 기운을 담고 있을 거라는 생각을 한다. 목포역에서 기차를 타고 올라오면서 나주역을 지나쳤다. 초등학교 때 시골에 갈 때마다 기차를 타고, 고막원이라는 역에 내렸던 기억이 났다. 고막원이라는 이름은 너무 아득하고, 별스럽게 느껴졌다. 우리 가족이 아닌 다른 사람들은 알지 못하는 고립된 장소를 뜻하는 단어 같았다. 나주역을 거치면서 할아버지가 돌아가신 이후 몇십 년간 이곳에 간 적이 한 번도 없었다는 생각이 스쳤다. 역을 몇 번 더 거치면 고막원역에 내릴 수 있을 거라는 기대를 잠깐 했지만 기차는 송정역을 거쳐 머지않아 충청도로 접어들었다. 정보를 찾아보니 고막원은 지금 기차가 정차하지 않는 간이역이 되었다고 한다. 내가 기억하던 철길, 기차에서 내려 차를 타고 한참 들어가면 있던 문평면 오룡리의 초가집, 그 뒤에 있던 대나무숲. 그리고 대나무 잎사귀들이 서로 부딪히며 내던 소리. 그 소리의 감각은 지금까지 생생하게 내 속에 살아 있다. 처음으로 그곳에 다시 한번 가고 싶

다는 생각이 들었다. 그 옛날의 내 기억들과 일치 하지 않는 모습을 나는 어떻게 느끼게 될까, 그 격차가 조금 두렵기도 하다.

2018. 2.25

겨우내 화목난로를 때웠다. 이불 속에 더 있고 싶은 게으름과 졸음을 애써 쫓으면서 몸을 움직여 불을 피웠다. 불을 붙이는 일은 여전히 귀찮지만, 불꽃이 일기 시작하고 나무가 타들어가는 것을 보는 일은 기분 좋다. 불을 보고 있으면 원시인이 된 것 같다. 왠지 모르게 근원적인 것에 가까워진 느낌이다. 시간이 정지해 있는 것 같기도 하다. 가끔은 넋 놓고 난로 앞에 앉아 있다가 불씨를 꺼뜨리곤 한다. 성가신 일이다. 불씨를 다시 살리려 다시 정성을 들여야 하기 때문이다. 나무끼리 잘 맞대어 각도를 잡고 다시 불을 피우려고 하지만, 성격이 급하고 서툰 나에게 쉽지만은 않다. 불씨를 지키는 일은 중요하다. 난로의 불씨뿐 아니라, 어쩌면 사람들은 모두 자기의 불씨를 가졌는지도 모른다는 생각을 해본다. 각자만이 알고 있는, 그리고 늘 조심스럽게 돌보고 지펴야 할 것 말이다.

2018. 5.29

무용에 관련된 동영상들을 보고 있다. 나는 미술 전시회에 가는 것보다 음악을 듣거나, 무용을 보는 것에서 영감을 얻을 때가 많다. 무용수의 몸짓은 강렬하게 무언가를 말하지만 어떤 의미를 지시하거나 확정적으로 전달하지 않는다. 비일상적인, 그리고 지극히 개인적인 몸짓의 언어. 이것은 그림을 그리는 행위와 닮아 있다고 느낀다.

2018. 6.30

언제 그림을 끝내야 하는지 모른다. 그건 나만이 알고 있을 것이다. 시작도 끝도 없는 것들을 그리고 있다.

2018. 7.10

최근 인터넷 뉴스나 댓글에서 보던 일을 몇 가지 겪어서 기분이 좋지 않았다. 누군가는 나에게 위로 비슷한 말을 건넸다. 지금은 그림과는 상관없는 일도 하고 돈을 벌기 위해 이런저런 일도 겪지만, 언젠가는 이런 경험이 작품으로 나올 거라는 식의 말이다. 뭐 그렇게 된다면야 나쁠 것 없는 게임일 수도 있다. 지금 하나를 잃는 대신 언젠가 하나를 얻는다고 생각한다면. 그렇지만 보이지 않는 미래를 담보로 지금 이 순간을 잃는 것을 당연하게 생각해야 하는지 모르겠다. 경제적인 이유 말고 다른 동기가 없다면, 이런 일을 되도록 하지 않는 것이 내 정신건강을 위해 좋은 일일 것이다. 아르바이트생들은 사회 최하층민들이야, 라는 누군가의 말이 떠올랐다. 그렇다. 이 사회에는 분명 계급이 존재한다. 굳이 지금 내가 하고 있는 일에서 의미를 찾는다면, 글로만 이해했던 사람들의 입장과 처지를 내 몸으로 이해할 수 있다는 것뿐이다.

2018. 7.15

캔버스를 샀다. 캔버스를 산 날은 부자가 된 느낌이다. 작업실 벽면 여기저기에는 하얀 캔버스들이 놓여 있다. 캔버스들은 그려지지 않은 상태 그대로도 꽤 멋있게 보인다. 빈 캔버스를 보면 내가 시도할 수 있는 가능성이 아직 많은 것만 같다. 이런 날은 나만의 방식으로 여유를 부려본다. 작업실 소파에 앉아 음악을 틀고 새로 산 캔버스들을 감상한다. 적당해 보이는 곳을 찾아 가구를 옮기듯이 위치를 잡아본다. 50호는 왼쪽 벽에 세우고, 30호 두 개는 그 반대편에 나란히 놓는 게 좋을 것 같다. 빈 캔버스를 배치하고 바라보고 이런 일로 시간을 보내는 것은 어쩌면 시간 낭비일지도 모른다. 그렇지만 이렇게 분위기를 잡으면서 지금 이 순간을 최대한 놓치고 싶지 않다. 나만의 의식을 치르는 것 같은 느낌. 그렇게 시간을 보내다가 지루해질 때가 되면 이제 그림을 그려야지, 라는 생각이 들고 현실로 돌아온다. 캔버스들을 여기저기 설치하듯 옮기고, 어떤 음악을 들을지 고민하며 앨범을 고르고, 생각 없이 앉아 있는 일은 아무리 반복해도 지겹지 않다. 그림을 그리는 일에서만큼은, '아 이제 그려야 되는데 막막하다'라든가, '언제까지 이걸 다 그리지?'와 같은 생각이나 감정을 갖고 싶지 않다. 물론 아직까지 그런 적이 거의 없었던 것 같다. 그래서 지금까지 나는 계속 그림을 그리고 있는 것이다.

2018. 7.23

요즘 나는 주말마다 XXX 베이커리에서 아르바이트를 하고 있다. 계산대 앞에 서 있는데 누군가 조금 놀란 표정으로 말을 걸었다. "혹시 작가님 아니세요? 저 아시죠?" 그때야 나는 상대방의 얼굴을 자세히 들여다보았다. 몇 초 정도 흘렀을 때, 그 사람이 누군지 떠올랐다. 예전에 안면이 있던 XXXX공장의 매니저였다. "어머 작가님, 요즘 작업은 안 하시는 거예요?" "아뇨. 계속 하고 있어요." 다른 손님들이 계속 기다리고 있었기 때문에 대화는 금방 끊겼다. 집에 오는 길에 오늘 낮에 있었던 일이 떠올랐다. 기분이 묘했다. 이제 작업은 안 하냐는 질문은 대체 어떤 뜻일까. 뒤늦게야 나를 변호하고 싶은 기분이 들었다. 짬을 내서 다른 일을 하고 있긴 하지만 그렇다고 해서 그림을 그리지 않는 것은 아니다. 요즘은 오히려 더 많이 그리려고 한다. 그림을 그리는 사람이라는 자각을 놓치지 않으려고 더 열심히.

2018. 8.2

올해 초부터 일주일에 한 번 발달장애인들을 만나 그림을 그리는 일을 하고 있다. 그림을 가르친다기보다는 같이 그린다는 게 적합한 표현일 것이다. 다른 사람에게 그림을 가르친다는 게 가능한가에 대해선 고개가 잘 끄덕여지지 않는다. 만약 그림을 가르쳐야 한다면 가장 중요한 것은 기다려주는 일이라고 생각한다. 손에 묻으니까 이렇게 하지 말자, 종이에 너무 물을 많이 묻히면 찢어지니까 조심해라, 이 색깔은 잘 어울리지 않는 것 같다, 형태나 비율을 잘 관찰해보라고 말하기 전에, 그 사람이 어떤 감각을 갖고 있고 무엇에 관심이 있는지 끈기 있게 지켜보고 느껴야 하지 않을까. 나를 이해해주고 영감을 주는 사람을 만나는, 그런 일은 쉽게 오지 않는 행운이다.

2018. 8.6

오늘은 센터에서 D씨가 꽃과 사람의 얼굴을 합친 '꽃사람'을 계속 그렸다. 그러더니 갑자기 "나는 꽃이 되고 싶어"라고 말을 했다. 순간 조금 당황스럽기도 했고 조금 놀라서 할 말이 생각나지 않았다. 그냥 좀 멍해졌다고 할까. 그의 솔직한 표현이 부러웠다.

2018. 8.8

"작가님 그림을 보니까 필립 거스통 생각이 나요." 작업실을 방문한 지인이 이렇게 말했을 때 조금 놀랐다. 그런 생각을 해봤거나 들어본 적이 전혀 없었기 때문이다. 다시 생각해봐도 공통점이 있는지는 잘 모르겠다. 의외였지만 기분 나쁘지 않았던 건 내가 필립 거스통에 대해 꽤 좋은 느낌을 갖고 있었기 때문이다. 거스통처럼 동시대의 주된 흐름과는 달리 자기가 하고 싶은 걸 하는 작가들이 많이 있는지 의문이다. 보이지 않는 곳에서 자기 소신대로 작업하는 무명 작가들도 있을 테니, 내가 함부로 판단할 수는 없는 일이다. 그렇지만 주류 미술사만 봤을 때는 소신파들이 그리 많지는 않은 듯하다.

자기 이야기를 하겠다고 하는 작가들이 유행을 허겁지겁

따라가려 하거나 불안해하는 것이 제대로 된 일인지 곰곰 생각해보게 된다. 내가 원래 반골 기질이 있는 사람들을 좋아해서일까. 단색화가 주류일 때 시장 풍경을 그리거나, 추상표현주의가 대세일 때 자기만의 세계로 전환했던 거스통 같은 작가들에게는 호감이 간다. 생각난 김에 필립 거스통에 대한 글을 찾아 읽다가 그가 제도권 미술교육을 받지 않았다는 새로운 사실을 알게 되었다. 글쓴이는 이것이 주목할 만한 특이점이라고 생각했는지 '끝까지 제도권 교육을 거부한'이라는 닭살 돋는 표현을 강조하고 있었다. 어쨌든 필립 거스통과 나는 적어도 이 점에서 한 가지 공통점을 갖고 있었다. 이미 죽은 유명 외국 작가와 나 사이에 공통분모를 찾으려고 하는 것이 우스울지도 모르지만. 이런 생각들이 오늘 나에게 작은 위안이 된다. 내 속도로 내가 가고 싶은 길을 가면 된다고 생각하면 마음이 편해진다.

2018. 8.12

드로잉을 하는 과정을 영상으로 찍어보았다. 손의 움직임을 기록한 44초의 영상. 그런데 화면을 보다가 생각지도 못했던 것을 알게 되었다. 드로잉은 움직임이기도 하지만 소리이기도 하다는 것. 목탄이 종이를 스치거나 긁는 소리가 손의 움직임 위에 입혀져 있었다. 그리고 때마침 틀어놓았던 브람스 현악 4중주와 오버랩되어 예상치 못한 불협화음 같은 것을 만들고 있었다. 이 영상을 찍기 전에는 내가 드로잉을 할 때 나는 소리에 대해서 생각해 본 적이 없었다. 신선한 발견이다.

2018. 8.14

요즘은 추상에 가까운 작업들을 많이 하고 있다. 그러다가도 갑자기 형태가 더 잘 보이는 것을 그리고 싶을 때가 있다, 그렇지만 결국 형태를 구축하다가 흐트러뜨리고 뭉개버리곤 한다. 결정 장애라도 있는 것처럼 왔다 갔다 하면서 무엇 하나 명확하지 않게 만드는 것이 지금의 내 작업인지도 모르겠다. 인체 비슷해 보이지만 다시 추상화로 흐르는 이 형태들은, 사람의 몸이라기보다는 그것을 연상시키는 움직임들에 가까워 보인다. 논리에 맞지 않게 형태들을 재구성하거나 지우고 다시 덮으면서 도대체 내가 왜 이런 것들을 그리고 있는지 의아해진다. 어쩌면 그림을 그리는 이유를 정확히 안다는 것은 불가능할지도 모른다. 지금은 모호함만이 분명하게 내 피부로 느끼는 구체적 감각이다.

나현정 2009년 일러스트레이터로 데뷔한 이후 그림책과 잡지, 표지 작업 등 여러 매체에 그림을 그렸다. 현재 드로잉, 회화, 판화 등 다양한 매체를 통해 작업하고 있다. 〈파랑새를 찾아서〉, 〈내용증명〉, 〈OFF season〉 등 다수의 그룹전에 참여했으며, 2017년 드로잉집 『50 moment』를 출간했다.

자투리 꼴라쥐 I-18, Zatturi collage I-18, silk & cotton & linen on silk, 92×67cm

Park Haewon Sophie

실마리

박혜원

내 기억에는 없지만 나는 일본 동경에서 태어났다. 태어나고 일 년 후 한국으로 돌아왔으니 그저 사진 속 후지산을 배경으로 엄마 품에 안긴 나의 모습을 보며 일본에서의 짧은 체류를 확인할 뿐이다.

2월 말, 항상 안개에 싸여 있는 후지산이 일 년 중 가장 선명하게 보인다는, 일본에서는 아주 귀한 시기에 태어났다고 하는데 역시 나는 또렷하게 봉긋 솟아 있는 후지산을 본 기억이 없다. 삼십대 나이에 다시 일본 땅을 밟았다. 그때 본 후지산에 대한 인상은 사진으로 먼저 봐서인지 이상하게 친근하게 느껴진 것은 사실이다.

초등학교 3학년, 중동에 있는 사막의 나라 바레인으로 떠났다. 동경에서 태어나고 그 후 해외 여러 나라에서 머문 것 역시 해외근무를 하시는 아버지 직장 때문이다.

동경과 달리 바레인에서의 기억은 너무나 선명하고 강렬하게 뇌리에 각인되어 있다. 2018년 한국에서 처음으로 40도에 육박하는 불타는 여름을 체험하고 바레인에서의 추억이 다시 솔솔 떠올랐다. 물론 바레인의 기온은 평균 40도가 훨씬 넘는 더위지만 그곳은 한국처럼 습하지 않아서 숨이 막힐 지경은 아니었던 기억이다.

일찍이 영국인들이 정착하여 살며 그들이 살기 편하게 조성해놓은 작은 섬나라 바레인. 옆의 사우디아라비아와 같이 석유 생산국이어서 온 국민이 부유한 나라 바레인. 사막의 작은 촌락의 허름한 집 앞에도 최소 벤츠 C200이 서 있는 묘한 미스매치는 어린아이의 눈에도 초현실적으로 보였다.

너무 더운 날씨여서 거의 에어컨 시설이 있는 곳에서만 생활하다가 답답하면 사막으로 드라이브를 나가곤 했다. 그때 나는 놀라운 광경을 보았다.

모래사막 저 멀리 작렬하는 태양의 열기 아래 수평선은 춤을 추는 듯, 술에 취한 듯 비틀거리고, 신기루처럼 온통 흔들거리며 등장하는 아랍 전통의상 차림의 남자와 그가 끄

여인, 꿈을 꾸다 I-16, A woman, dreaming I-16,
silk with cotton thread, 124×100cm

는 낙타들의 행진……. 더위에 지친 듯 혹은 세상의 시간을 초월한 듯 느리게 아주 느리게 움직였다. 과연 이것은 꿈속의 장면일까. 손에 잡히지 않는, 이 신비로운 환영……. 이들은 어디에서 왔으며 어디로 향하고 있는 걸까. 아니 내가 보고 있는 광경은 과연 현실일까.

나는 유럽 벨기에 브뤼셀에서 고등학교를 다녔다. 고등학교 1학년 때 역시 아버지를 따라 온 가족이 벨기에로 가게 되어서 현지 벨기에 학교를 다녔다. 프랑스어로 진행되는 수업을 따라가야 하는 상황이었으니 그때 생전 처음으로 밤을 꼴깍꼴깍 새며 공부하는 시간이 너무 힘들었지만, 배움이란 참으로 즐거운 것이라는 사실도, 그리고 지독하게 고독한 길임을 또한 알게 되었다. 한국에 있는 친구들이 대학입시 스트레스를 받으며 공부할 당시, 나는 말도 통하지 않는 서양 친구들 속에서 왕따가 되지 않으려고 열심히 공부에 매진하고 성격도 밝게 변해갔다. 바레인에서 수학할 때, 서양인 학교에서 조용하고 내성적인 학생은 바보 취급당하는 줄 벌써 알아버린 나는 그들 안에서의 생존법을 익힌 것이다.

벨기에 고등학교 수학 시절, 너무 멋있는 선생님들을 뵙게 된 덕분에 진정한 배움의 즐거움을 알게 된 것은 감수성이 예민한 십대 때 얻은 정말 귀한 가르침이자 도약의 밑거름이 되었다. 돋보기를 올려 쓰며 플로베르의 『보바리 부인』의 한 구절을 찾아 읽어주시던 불문학 할머니 선생님의 진지함이 너무 멋있었다.

그뿐만 아니라 이때 접하게 된 '서양미술사' 수업이 아니었으면 미술계에 입문하지도 않았을 것이다. 영문과를 졸업

하신 부모님 영향으로 나는 멋도 모르고 문학을 전공하고 싶어 하는 꿈 꾸는 문학소녀였다. 이렇게 인생이란 필연과 우연이 묘하게 얽히고설켜 예상치 못한 이야기를 풀어내며 전개되는 모양이다. 아니면 그것이 나의 정해진 운명이었을까.

이렇게 대학에서 서양미술사를 공부하고 판화과에 입학, 한국말로 '바람'이라는 근사한 뜻의 이름을 갖고 계신 로제 드윈트(Roger Dewint, 1942~) 선생님을 뵙게 되었다. '바람'이라는 이름에 걸맞는 시원한 자유로움과 유쾌함이 느껴지는 멋진 분이시다. 4년 내내 선생님과 나눈 수많은 깊은 대화……. 인문학, 미술, 음악 등 문화 다방면을 아우르는 넓은 시선을 갖도록 이끌어주신 그 귀한 시간을 잊지 못한다. 특히 "한국의 정신, 그 혼을 찾아야 한다. 이는 민속적인 것(folkloric)을 뜻하는 것이 아니다."라는 말씀은 내 작품 생활의 주된 화두로 자리 잡게 되었다.

그리고 내 머리에서 수많은 질문들이 쏟아졌다. "과연 예술은 이 세상을 이롭게 하는 데 쓸모 있는 것일까? "나 혼자만의 개인주의적인 즐거움과 만족을 위한 쾌락, 사치가 아닐까?"

벨기에에서 대학 생활을 하던 당시 나는 처음으로 종교, 인생, 예술, 사랑 등의 근본적인 문제에 대해 진지하게 고민하게되었다. 그리고 스페인에서 오신 미구엘 유크(Miguel Lluc) 신부님과 일주일간 나눈 대화는 내가 의문을 품고 있던 문제들을 글로 정리하는 계기가 되었다. 상담 첫 날, 두서없이 쏟아내는 나의 고민과 질문을 들으신 신부님은 멋진 제안을 하셨다. "네 생각을 차분히 글로 정리해서 내일 읽어주겠니? 지금 네 생각이 정리되지 않은 것 같구나!" 그날 밤 복잡하게 뒤엉켜 있던 생각들을 글로 정리해 써 내려가며 밤을 지새웠다. 그리고 그 다음날 떨리는 마음으로 차근차근 읽어 내려갔다. 이는 나의 생각이 정리되는 데 분명 큰 도움이 되었다. 하지만 한편으로는 진정 귀한 답을 줄 수 있는 것은 '사람'이 아니라 '침묵'임을 깨닫게 되었다.

나를, 내 마음을 온전히 그대로 들여다보기 위해서는 나 혼자만의 시간이 필요했다. 마땅한 침묵의 공간을 물색하던 중, 문득 브뤼셀에서 고등학교 수학 시절 투덜거리며 따라갔던 피정 장소가 떠올랐다. 선생님 인솔하에 학생 전원이 1박 2일로 다녀온 곳이었다.

나는 벨기에 남부 시토회 트라피스트회인 오르발 수도원(Abbaye d'Orval)으로 향했다. 20대 초반의 나이에 처음 홀로 떠난 여행이었다. 이는 '나 홀로 여행'의 참맛을 일깨워주었고, 그 아름다운 침묵의 공간에서 바로 '나'를 발견했다.

10여 년 전 스위스 할아버지 작가인 마르크 수사님(Br. Marc, 1931~)을 만났다. 한국 성당의 스테인드글라스 디자인과 드로잉 작업을 하시는 분이다. 프랑스 떼제(Taizé) 공동체 소속인 수사님은 깊은 영성은 물론 자유로운 영혼과 해박한 지식, 그리고 매우 섬세한 감성을 지니신 분이다. 자주 뵙지는 못하지만 내 작업에 대해 그리고 문화예술 전반에 대한 진지한 고민과 대화를 나누고 항상 큰 깨우침을 주시는 분이다.

비록 작가의 길은 혼자 가는 고독한 길이라 하지만 길을 가던 중 도대체 어디서 무엇이 잘못된 것인지 온통 뒤죽박죽 뒤엉켜 있을 때, 지혜로운 안내자 역할을 해주고 신선한 자극을 주는 '스승'이란 존재는 너무나 소중하다. 안타깝게도 2년 전 건강상의 이유로 프랑스로 돌아가셔서 자주 뵐 수 없지만, 이 분이 내게 주신 귀한 가르침과 자극은 내가 이 세상 속에서 심신이 지쳐도 결국 '예술의 길'로 돌아와 가쁜 숨을 고르고 다시 터벅터벅 걸어갈 수 있게 돕는 큰 밑거름이 되어주었다.

언젠가 인생의 실타래가 온통 뒤죽박죽 뒤엉켜 길을 잃고

푸른 하늘을 품다 II-16, Embrasser le ciel bleu II-16, silk with cotton thread, 307×231cm 부분

헤매고 있을 때였다. 도무지 출구가 보이지 않는 칠흑 같은 터널 속에서 헤어 나올 실마리를 찾을 의욕, 여유조차 없던 절망의 순간, 그래도 안간힘을 써서 실낱같은 희망의 끈을 잡고 수사님을 찾아뵈었다.

"내가 과연 인생에서 무엇을 찾고 있는지, 어디로 가야 할지 모르겠다."는 본질적이고 대책 없는 나의 질문에 수사님은 아프리카 부족미술, 현대 스테인드글라스 작품 도록 등 뒤죽박죽 아무 생각 없는 나의 머리에 신선한 바람을 불어 넣어 줄 수 있는 다양한 책들을 보여주셨다.

이 중 단번에 나의 눈과 마음을 사로잡는 강렬한 이미지가 있었다! 아프리카 코트 디부아르(Côte d'Ivoire, 아이보리 코스트) 부족의 어느 이름 모를 여인이 만든 바느질 작품이었다! 아프리카 부족들의 빼어난 예술작품을 전시하는 파리 다페르 미술관(Musée Dapper)에서 출간한 이 도록에는 놀라운 작품들을 가득 담고 있었는데 그 중 한 작품을 보는 순간, 머리에 번개가 번쩍이며 답답했던 숨통이 한순간 확 트이는 느낌이었다.

거친 부댓자루 같은 마(麻) 천 위에 엉기성기 거친 바느질로 표현된 작품에서 나는 아프리카 대륙 위에 작렬하는 뜨거운 태양과 광대하고 거친 대지의 강렬한 생명의 에너지가 뿜어져 나오는 것을 느꼈다.

이는 세련되고 섬세한 인공미가 가미된 서구의 예술작품, 고급 정규 미술교육을 받은 미술가들 작품에서 느낄 수 없는 그야말로 '날것', '진짜'였다!

내가 학창 시절부터 지속적으로 찾고 있던 화두인 '나의 가장 진실한 표현', 즉 한국인의 피가 흐르고 있는 나의 정체성으로, 태생적으로 지니고 있는 '한국의 정신[魂. spirit]'을 섬세하고 진실하게 담아내야 한다는 질문에 대해 명쾌한 해답을 제시해주었다. 무명의 한 아프리카 여인이 온 정성을 다해 진실하게 담아낸 작품에서, 아프리카의 민속적 요소가 부재함에도 불구하고 아프리카의 정신이 고스란히 전달되었듯이 나의 가장 깊은 곳으로 들어가 솔직한 표현을 하면 자연스럽게 '한국의 정신'이 배어나오는 것이고 그것은 가장 '진정성 있는 표현'이 되는 것이다. 작품 속에서 억지스러움이 느껴진다면 '작가의 의도'와 '욕심'이 '진정성'을 압도하고 있기 때문일 것이다.

내가 계획한 대로, 바라는 대로 풀리지 않는 것이 인생이라면 그 숨은 의미를 찾는 것은 바로 나 자신의 몫이다. 인생이 꼬일 대로 꼬인 막다른 지점에서 찾은 그 실마리는 또다시 인생의 무한한 가능성을 열어주며 나만의 길을 찾으라고, 고독한 길을 가라고 손짓한다. 이렇게 나는 천, 바늘, 실의 세계, 바느질의 길로 들어서게 되었다.

예로부터 비단과 모시, 무명실은 한국 여인에게 가장 친근한 재료였다. 어린 나이의 소녀는 글을 배우는 대신 바느질을 배우고 이불, 베갯잇, 치마저고리 등 본인의 혼수품을 직접 만들며 후에 여인으로 살아가야 할 운명을 준비했다. 한 땀 한 땀 정성스럽게 바느질하는 여인은 자연스럽게 침묵, 인내 그리고 고독의 미덕을 익혔을 것이다.

침묵 너머 형언할 수 없는 여인의 애환이 고스란히 담겨 있는 바느질은 기쁨, 슬픔, 고통, 외로움 그리고 한(恨)이 서려 있는 가장 친근한 언어이자 진실한 고백이다.

21세기를 살고 있는 오늘날 여인은 예전과 같은 핍박과 차별 속에 살지 않는다. 한편 수세기를 사회 깊숙이 뿌리박힌 성차별의 부당함에 대해 소리 높여 외치는 '페미니스트'들의 말도 물론 일리가 있지만, 나는 남녀 간의 본질적인 '차이'가 오히려 '여성 고유의 고귀한 가치'라는 의견을 존중한다.

온갖 신기술, 과학의 발달로 하이테크 표현이 예술에 접목되는 미디어아트가 지배하는 21세기, 가장 원초적인 표현 매체인 바느질에 매료된 것은 어찌 보면 시간을 역행하는 것으로 보일지 모르지만 한 땀 한 땀 정성과 혼이 오롯이 새겨진 바느질이야말로 가장 본질적인 표현에 근접할 수 있지 않을까 생각한다.

나의 바느질 작업은 가장 진실하고 순수한 표현을 찾고픈 고민 끝에 이르게 된 표현 방식이다. 자극적이고 강렬하며 세련된 하이테크가 지배하는 21세기, 나는 가장 원초적이고 단순한 표현에 매료된다. 사랑하는 가족을 위해 옷을 짓는 사랑의 표현이자 여인의 억압된 삶 속에서 유일한 도피 수단이기도 했던 바느질은 필연적으로 혼이 담긴 작업이다.

나에게 가장 깊은 감동을 주는 사실은 가장 미약해 보이는 실과 바늘이 천과 만나면 놀라운 통합의 힘을 발휘한다는 데 있다. 비단, 마, 면 등의 천 소재는 쉽게 찢어지고 구겨진다. 살랑거리며 불어오는 미풍에도 자신을 떠맡겨 휘날린다.

'세상의 모든 부정, 부당, 폭력'에 노출되어 갈기갈기 찢어지면서도 그 본연의 성질을 잃지 않고, 변질되어 굳어지는 것이 아니라 '부드러움'으로 대응한다. 그것도 모자라 그 넉넉함과 온기로 이 세상의 악과 어둠, 경직된 것들을 덮고 감싸준다.

자투리 1-17, Zatturi 1-17, silk & cotton & linen on silk, 58×45cm

나는 천 위를 누비는 바늘과 실의 유연함과 자유로움, 그리고 그 부드러움에서 결국 '사랑'만이 이 세상의 '악'을 이긴다는 놀라운 메시지를 발견한다.

비단과 모시, 무명 색실의 만남은 '사랑의 랩소디'를 표현하기에 가장 적합한 매체로 다가온다. 화려한 비단 또는 담백한 모시 위를 누비며 빚어내는 오색찬란한 색실과 사각형 꼴의 작은 파편들―소우주적 시각에서 보면 세포의 작은 입자, 대우주적 시각에서는 스테인드글라스의 작은 색유리 조각 또는 조각보의 천쪼가리―은 각자 고유의 길을 가다 만나고, 중첩되고 뒤엉키면서 그만의 이야기를 만든다.

그리고 화면 전체를 아우르는 수많은 작은 이야기들이 모두 모여, 처절하면서도 아름답고 웅장한 한 편의 드라마를 펼쳐낸다.

실마리

하늘에서 안개비가 내려

나의 서늘한 마음을 적신다.

나도 모르는 사이 조용히 은밀하게 내려와……

나는 온통 비가 되어

땅으로 녹아내리고 땅을 적신다.

땅은 나를 모른다.

나의 첫 번째 작업 테마인 '연우'(煙雨: 안개비)에 등장하는 무수히 많은 사각형(또는 직사각형) 조각들은 마치 드넓은 하늘을 수놓는 별, 또는 꽃송이와 같이 망망대해인 우주를 떠도는 영혼의 흔적들로 다가온다.

오색찬란한 비단 위를 자유로이 누비는 색실들의 향연은 자신에게 주어진 가사 일에 묵묵히 충실한 어느 이름 없는 여인의 고결하고 처절한 투쟁의 흔적이자 그녀의 가장 은밀한 고백이다.

한 땀 한 땀 바느질한 실과 실크 천이 만나 아름다운 화면을 만들어내듯, 미비해 보이는 이름 없는 한 여인의 발자취는 수많은 에피소드를 풀어내며 화려하고 장엄한 드라마를 연출해낸다. 살아가는 동안 겪는 온갖 시련, 고통, 그리고 기쁨의 순간들은 중간중간 일어나는 실의 엉킴과 충돌, 폭발 등의 형태로 드러나고, 이 미비해 보이는 극적인 사건들은 오히려 전체의 아름다운 화면 연출을 위해 없어서는 안 될 전환점 또는 그 정점으로 제자리를 굳건히 한다. 이렇게 여인은 인생의 다양한 우여곡절을 겪으며 더욱 깊어진, 성숙해진 사랑을 배운다.

확연히 드러나지 않지만 본인에게 주어진 길에 충실한 실과 천 조각들의 이야기는 그 나름의 고유한 아름다움과 의미를 갖는다. 묵묵히 가정의 평화를 위해 헌신하는 '어머니'와 같이.

전 문화부장관 이어령(1934~) 선생의 표현대로, 여성이 다루는 "실과 바늘은 갈등을 봉합하는 힘"을 갖고 있다. 얼핏 보기에는 파괴하는 힘을 가진 '칼'과 '폭력'의 힘이 막강해 보이지만, 진정한 힘은 포용, 봉합, 소통, 그리고 흩어진 것들 간의 조화를 꾀하는 '바늘과 실'에 있다고, 나는 굳게 믿는다.

한때 '쓸모없이' 버려졌던 천 쪼가리들이 모여 '쓸모있는' 아름다운 조각보를 만들듯이, 버려진 것에 생명을 불어넣는 "바늘문화는 21세기에 꽃필 것"이라는 이어령 선생의 생각에 깊이 공감한다.

21세기의 문화코드는 칼의 '폭력'이 아닌 바늘의 '포용'에 있다. 서양 중심적 사고를 기반으로 발달한 20세기 현대미술은 기존의 것을 부정하거나 파괴하는 '새로운 조형적 폭력 시위'의 연속이었다. 일제 침략, 전쟁 등을 겪으며 자존감을 상실한 우리는 서양 것이 월등한 선진국의 산물이라는 뿌리 깊은 열등감과 동경에 사로잡혀 왔다. 아직 서양에 대한 열등감에서 완전히 자유로워졌다고 할 수 없지만, '우리의 언어', '우리의 옷'이 아닌 것을 무분별적으로 수용, 이를 그럴싸하게 흉내 내는 것이 마치 세련되고 앞선 것이라는 착각에 사로잡혀 있었던 것은 굴곡진 역사를 가진 우리의 부정할 수 없는 진실이다.

  이제 21세기의 새로운 시대가 열렸고 세계의 추세도 변하여 더 이상 서구우월주의가 지배하고 있지 않다. 오늘날 서양인들은 세상을 움직이는 힘이 '폭력'이 아닌 '철학'에 있음을, 본질적인 것을 이야기하는 '정신'에 있다는 사실을 깨닫게 되었고, 오히려 동양의 깊은 철학 정신의 무형적 유산이 그들의 선망의 대상이 되기에 이르렀다고 생각한다. 나는 '폭력과 분열, 소음'이 아닌 '사랑과 통합, 침묵'이 21세기 예술에 대한 가능성이라고 확신한다. 19세기 러시아의 대문호 도스토예프스키(Fyodor Mikhailovitch Dostoevski,

1821~1881)의 주장대로 "아름다움만이 세상을 구원할 것이다"라는 믿음에, 나는 온 힘을 다해 뜻을 함께한다.

스스로 갈기갈기 찢기면서도 모든 것을 감싸고, 흐트러진 것을 한 데 모으는 천, 그리고 사방으로 뿔뿔이 흩어져 있는 것들을 모아서 '봉합'하고 '치유'해주는 바늘과 실의 위력은 진정 위대하다. 이는 늦은 밤 사랑하는 가족을 위해 희미한 호롱불 아래 한 땀 한 땀 바느질을 하는 어머니, 묵묵히 뒤에서 가족을 보살피는 여인의 힘이다. 요란하게 떠벌리지 않고, 자신을 드러내지 않고 그저 침묵하는 '사랑의 힘'이다.

전 서강대 철학과 교수 박갑성(朴甲成, 1915~2009) 선생님은 이와 같이 말하였다.

"여성은 자연계를 대표하는 초자연(超自然)의 '그늘'이다. 여성은 소극적인 것의 원리로 자연 속에 머물지만 초자연에 대해서는 적극적인 원리이며 '바탕'이다. 초자연에 대해 침묵보다 더 적극적인 것은 자연 속에 없다. 침묵은 여성의 상징이고 모성의 원리이다."

사물이 갖고 있는 양면성, 빛과 어둠의 원리는 사물의 근본적인 속성이다. 존재의 '그늘', 그 '바탕'으로 '침묵하며' 존재하는 '포용력', 즉 '사랑'은 모든 시공간과 문화를 초월하여 불변하는 가치임을 마음에 되새긴다. 그 부드러움으로

조용히 다가가 말을 건네는 '바느질', 이 '사랑의 언어'에 끌릴 수밖에 없는 이유이다.

2017년부터 시작한 작업의 주제는 '자투리(Zatturi)'이다. 처음 아프리카 바느질 작업에 영감을 받아 시작한 '연우(煙雨)' 작업은 한국 여인의 정서와 아름다움이 배어 있는 한국 비단을 주재료로 사용했다면 이번에는 보다 확장된 의미의 작업을 위해 국적과 재질을 초월한 보다 다양한 천과 재료를 다루었다. 화려한 비단에 단순하고 담백하고 깊은 맛이 있는 모시와 삼베를 사용하고 여기에 아프리카의 천, 인도

소녀, 꿈을 꾸다 I-15, Une fille, rêve I-15, silk with cotton thread, 250×190cm 부분

네시아의 바틱 천 등 다양한 천들을 사용했다.

'자투리'는 말 그대로 '한때 보잘것없었던 천쪼가리들'이 모여 서로 아름다운 조화를 이루며 새로운 생명을 얻게 된다는 의미를 보다 적극적으로 담고 있다.

조용히 눈을 감으면 초등학교 3학년 때 중동 바레인 사막에서 본 아랍인과 낙타의 비현실적인 행렬이 저 멀리 지나간다.

이들은 어디에서 왔으며 어디로 향하고 있는 걸까?

내가 보고 있는 것은 과연 현실일까?

한국의 정신과 혼이란 무엇일까?

과연 예술은 이 세상을 이롭게 하는 것일까?

아름다움…… 나 혼자만의 즐거움을 위한 쾌락, 사치일까?

후지산의 희미한 친근함, 사막의 신비로운 환영, 벨기에의 오르발 수도원에서 찾은 침묵, 아프리카의 살아 있는 정신의 발견…….

묘한 운명으로 시작하게 된 바느질 작업 속에서 오늘도 나는 여러 질문을 끊임없이 묻고 또 되묻는다, 아직도 그 명확한 답을 알지 못한다. 하지만 이제는 예전처럼 망망대해에 홀로 내던져져 허공을 바라보며 외치던 공포와 두려움이 없다. 어쩌면 계속되는 무모한 도전에 인이 박혀서인지도 모른다.

분명한 것은, 진정한 예술은 세상을 이롭고 아름답게 한다는 것이다. 그리고 '한국의 정신'은 다름 아닌 '진정한 나'를 찾는 과정에 맞닥뜨리게 되는 질문임을 알게 되었다. 인생의 여정이란 남을 흉내 내는 단계를 지나서 나의 정체성인 '한국의 혼'에 대해 고민하고 결국은 나를 찾는 것에 다름 아닌 것이다.

예술은 '사치'가 분명하다. 〈우리는 어디서 왔으며 누구이며 어디로 가는가?〉(1897년)라는 철학적이고 수수께끼 같은 유작을 남긴 화가 폴 고갱(Paul Gauguin, 1848~1903), 원시적인 아름다움을 찾아 타히티로 떠난 그 역시 고백하지 않았던가. "직감적으로, 본능적으로, 무의식적으로 고귀함, 아름다움, 고상한 취향, 지나간 시대가 앞세웠던 고결한 의무를 사랑한다"고.

예술이 사치인 것은 "아름다움을 통한 인류 구원", "예술만이 이 혼탁한 세상을 구원할 수 있다"는 추상적이고 비현실적으로 보이는 아름다운 꿈을 꾸고 있기 때문일 것이다. 배를 굶더라도 이런 꿈을 꾸고 있으니 세상의 눈으로 바라보면 분명 '미치광이' 또는 '사치'일 것이다.

인생이란 내 앞에 놓인 작은 실마리를 찾아 차분히 그 해법을 찾아 나가는 것이다. 그것을 어떻게 풀어나가며 그 안에 숨은 '의미'를 찾아나가는가 하는 것이 바로 삶의 묘미일 것이다. 그래서 나는 앞으로 내 앞에 펼쳐질 미래를 생각하면 항상 설렌다.

조금씩 더 나이 들어가는 것은 항상 새롭게 마주치게 되는 실마리 앞에서 이를 푸는 데 조금은 더 능숙해지고 자연스러워진다는 의미가 아닐까. 이렇게 서서히 자연을 닮아가다가 결국 자연과 하나가 되는 것이 아닐까.

버려진 작은 쪼가리들을 모아

새로운 이야기를 만들어준다.

생명의 기운을 불어넣는다.

조심조심 엉킨 실타래를 풀어나가며

실마리를 찾으려 전전긍긍하며

답이 없는 줄 빤히 알면서

계속 천 위를 누비며 나아간다.

어렴풋이나마 희미하게나마

그 어떤 신비에 접근하리라는

희망의 끈을 놓지 않고서.

한 땀 한 땀…….

박혜원 1994년 브뤼셀 디멜스 화랑 주최 "판화가 4인 초대전"에 참여하면서 작품활동을 시작했다. 〈심우(尋牛)〉, 〈뿔(the Cone)전(展)〉, 〈'자투리(Zatturi)전(展)'〉 등 다수의 개인전을 개최했으며, 『매혹과 영성의 미술관』, 『그림 속 음악산책』 등을 출간했다.

나무물고기, 혼합재료, 53×45.5cm

다른 손을 위한 포에지

정정화

　오래오래 걸어와 부은 발등에 어둠이 얹혀 있다. 저녁이 낮아지고서야 화성 성곽 둘레를 걷기 시작했다. 높은 곳에서 본 풍경들은 아득했다. 어둠 속에 불빛들이 맑다. 밤은 깊어지고 잠은 꿈 밖에서 서성인다. 고요를 기다린다. 무릎 위에 두 손을 얹고서 지구와 태양과 달과 떠도는 혹성들과 은하계가 손 위에 내려앉기를 기다린다. 네델란드 화가 헤릿 다우는 그림을 그리기 전 중요한 의식을 치렀다. 자신의 작업실에 먼지가 내려앉기를 기다리는 것이었다. 테이블에 먼지가 뽀얗게 쌓이고 나서야 그림을 그리기 시작했다. 주위 사람들이 보기에는 붓이나 연필에 손도 대지 않는 다우가 허송세월을 보내는 것처럼 여겨지겠지만, 실은 그리고자 하는 그림이 자신의 내면에서 무르익기를 기다리고 있었던 것이다.

다우처럼 먼지가 쌓이길 기다리지는 않지만, 작업을 하기 전 나는 시를 읽는 버릇이 있다. 손에 잡히는 대로 읽는 편인데 요즘은 젊은 시인들의 시를 읽는다. 시를 읽으면서 드로잉을 한다. 드로잉을 할 때와 실제 캔버스에 그림을 그릴 때, 그림을 바라보는 각도가 매우 달라진다. 그림 그릴 때만큼은 참 단순해지려고 한다. 더 이상 어떤 것도 중요하게 여겨지지 않는다. 오로지 몰입의 시간 속으로 들어갈 뿐이다.

그릴 때와 글을 쓸 때 내 몸이 반응하는 속도는 다르다. 글을 쓸 때는 항상 잘 쓰고 싶은 욕망이 간절하다. 그 때문인지 나는 늘 다리가 아픈 사람처럼 절룩거린다. 지우고 형클어지고 실체가 없는 것들을 더듬어나가는 기분이 들 때가 있다. 정말 손가락이 굳어진다. 굳어지는 손가락을 간신히 펴고 펴서 한 문장을 만드는 느낌이다.

아침에 일어나자마자 크레파스를 찾았다. 창고를 뒤지기 시작했다. 아이들이 어릴 때 사용하고 남은 크레파스를 찾았다. 색이 몇 개 없는 뭉툭한 크레파스를 들고 작업실로 돌아왔다. 아크릴 물감과 크레파스를 섞어 그림을 그리고 싶었다. 날이 흐리다. 흐린 날은 레오시 야나체크의 곡을 자주 틀어놓는다. 야나체크는 참 신비한 작곡가다. 동양적인 5음계를 이용하기도 하고 식물이 성장해 가듯 주제가 다양한 풍모를 갖추고 있다.

  크레파스 색 중 초록색이 없다. 아이가 잃어버렸거나 닳아 없어졌거나 둘 중에 하나겠지. 필요한 색을 구하는 방법은 여러 가지겠지만 색연필로 대체하기로 한다. 크레파스나 색연필의 질감은 참 따뜻하다. 어릴 때 제일 처음 접한 재료들이다. 손쉽게 만질 수 있는 재료가 가장 따뜻한 느낌으로 다가온다는 게 다행이다. 어린 시절에는 단 한 번도 내가 어른이 되어서 글을 쓰거나 그림을 그리는 작가가 되리라 상상하지 못했다. 꿈이나 장래희망이 없었다. 다른 아이들처럼 평범하게 선생님이나 간호사라고 대답했던 것 같다.

  초등학교 4학년, 그림을 참 잘 그리는 친한 친구가 있었다. 친구가 다니는 미술학원을 따라간 적이 있었다. 청도 읍내에서 유일한 미술학원이었다. 그림 좀 그린다는 언니 오빠들은 모두 이 학원에 다녔다. '손만식 화실'은 낡고 허름한 일본식 목조 건물 2층에 자리하고 있었다. 많지 않는 학생들이 삼삼오오 모여 그림을 그리고 있었다. 마치 저녁이 오기를 기다리는 사람처럼 불안해 하면서 창문 뒤에 몸을 숨기고 앉아 물감처럼 번지는 노을과 라디오에서 흘러나오는 노래, 삐걱거리는 나무 의자, 유화 물감 냄새에 뒤섞여 세상 다른 곳으로 흘러가는 저녁의 시간들 곁에서 풍경처럼 웅크리곤 했다.

청도에서 태어나 청소년 시절까지 줄곧 이곳에서 보냈다. 내 생에 충만한 어떤 정서들은 모두 이곳에서 비롯되었다고 할 수 있다. 온 동네 집집마다 감나무가 있었고 청도천의 물빛과 미루나무, 온 밤하늘을 수놓은 별들, 계절의 리듬에 맞춰 황도의 궤도를 따라 하늘에서 끊임없이 움직이며 빛나는 별자리들이 어둠으로 돌아오면 가을은 더 깊어지고 깊어졌다.

고등학교 때 미대를 가고 싶었지만 보수적인 아버지에게 감히 말을 못했다. 대신 책을 읽기 시작했다. 낙서를 하거나 일기를 썼다. 일기장에 코끼리도 그리고 닭도 그리고 발도 그렸다. 선도 형태도 찌그러졌지만 재미있었다. 그렇다고 미술

에 두각을 나타내는 학생은 아니었다. 혼자 숨어서 그렸다. 가족이나 친척 중 어느 누구도 그림이나 글을 쓰는 사람이 없었다. 학교 다닐 때도 그림으로 상을 받아본 적이 없었지만 그린다는 일과 쓴다는 일이 결코 다르지 않다는 것을 알았다.

서울로 대학 진학을 한 뒤에 제일 먼저 한 일은 피자집 아르바이트였는데 그때 받은 돈으로 미술학원을 등록했다. 방을 함께 쓰는 동기가 시각디자인과를 다녔다. 그림을 배우고 싶다 말했더니 자신이 강사로 일하는 학원에 등록하라고 했다. 입시학원 학생들과 같이 수업을 들었다.

첫 시간부터 아그리파를 그렸다. 그때 강사가 아그리파 백 장만 그리면 다른 석고는 그리지 않아도 저절로 잘할 수 있다고 해서 정말로 수백 장을 그렸다. 그 당시 서대문에서 자취를 했다. 학원은 석계역 인근에 있었다. 미술학원 가는 데만 두 시간이나 걸렸다. 심지어 학원에서 집으로 돌아오면 혼자 방안에 앉아 석고 데생 연습까지 했다. 무엇을 어떻게 그려야 할지 막막하기만 했다.

아버지가 컴퓨터를 사라고 준 돈을 모조리 미술학원비로 사용한 적도 있었다. 대학을 한 학기 휴학하고 청도 시골집에 머물 때, 나는 어린 시절 그토록 다니고 싶었던 손만식 화실을 찾아가게 되었다. 선생에게 그림을 제대로 배운 기억은 없다. 다만 선생이 그린 그림을 어깨너머로 많이 보았다. 그는 100호 캔버스에 소와 어머니를 그리고 있었다. 몸집이 큰 선생이 1호 붓을 잡고 머리카락 한 올 한 올 온 정성을 다해 그림을 그리는 모습은 마치 신 앞에서 의식을 치르는 사람과 같았다.

손만식 선생 화실 1층에는 고려다방이 있었다. 선생은 가끔 다방 언니에게 커피를 시켰다. 창문에 기대고 앉아 다방 언니가 타준 커피를 마시며 김현식의 노래를 듣기도 했다. 유화물감 냄새와 커피 맛이 묘하게 섞여 아른거림을 불러일으키던 시절, 나는 선생에게 현대시를 읽어주거나 설명해주었고 선생은 나에게 인물 그리는 법을 알려주었다.

어떤 화가를 좋아하느냐고 묻는다면 망설임 없이 파울 클레라고 말한다. 파울 클레 화집을 보면서 추상화를 공부했다. 샤갈과 보나르의 그림을 보면서 색감을 익혔다. 고갱과 에곤 쉴레, 클림트의 그림에 매혹되었던 적도 있었다. 좋은 그림은 사람을 압도하지 않으면서도 흔들리게 한다. 필경 현실과 관념 사이에 존재하는 동시에 일상과 환상 사이에

거리감을 주는 것이라 생각했다.

　작업은 평소에 꾸준히 하는 편이다. 그렇지 않으면 한없이 게을러진다. 매일 조금씩 그리고 쓰되, 포기는 하고 싶지 않았다. 매일 아침 쌀을 씻고 쌀뜨물이 가라앉을 때까지 싱크대에서 창문 밖의 나무를 쳐다보곤 했다. 평생을 나무만 그려온 화가가 아주 빠르게 나무를 그린다고 했을 때, 나무는 매일매일 달랐으므로 화가가 매일 그리는 나무가 달라져야 하는 것처럼 매일이 달랐기에 시간은 오히려 느리게 지나갔다. 달리지 못했지만 느리게 오래 걷는 법을 배우고 싶었다.

　그림을 그릴 때 자유롭다. 비뚤하게 그려도 좋고 색감이 번져도 즐거웠다. 못생기고 거친 맨드라미와 바쁜 오리, 뚱뚱한 코끼리의 낮잠, 하늘을 나는 사과, 구름이 마당에 뭉클 내려앉아 아픈 속을 긁을 때도 좋았다. 내 마음이 흐르는 대로 따라갔다.

　바람이 자작나무 가지를 흔드는 소리가 빗소리 같다. 날이 맑아서 기분이 좋아지는 날이다. 무당벌레 한 마리가 흰 구절초 꽃잎 위로 걸어간다. 삶의 질료는 행복보다 슬픔에 가깝지만 그 슬픔은 빛과 바람에 가까운 법. 내 이름을 지은 사람은 동네 장님 할아버지였다. 원래 내 이름은 3살까지 '현주'였다. 옆집 살구나무집 한철이 엄마는 지금도 나를 현주라고 부른다. 장님 할아버지는 '정화'라고 지어놓고 이런 예언을 남겼다고 한다. 색을 다룰 거라고, 불이 많다고. 훗날 아버지는 장님 할아버지가 점을 치는 박수무당이었다고 말해주었다.

나는 진초록이 무섭다. 너무 가파른 색이다. 어떤 너머가 보이지 않는 색이다. 색에 대해서는 조금 예민한 편이다. 온전히 내가 원하는 색이 나올 때까지 전전긍긍한다. 수없이 바르고 물감을 쏟고 테라핀를 뿌리고 그 번져나가는 모습을 바라보면서 기다린다. 색을 익히기까지 꽤 많은 시간이 걸렸다. 화가들마다 특유의 색이 있다. 내 그림의 많은 부분은 파랑과 초록, 노랑의 경계들이다. 채색의 흐린 무늬가 손등으로 번진다. 노란색은 내게 죽음의 빛깔로 다가왔다. 색은 알 수 없는 미량의 슬픔처럼 다가오거나 아련함으로 일렁였다. 세계는 보이지 않는 것으로 에워싸여 있다.

참되게 본다는 것은 보이는 것을 보되 보이지 않는 것을 동시에 상상하는 것이다. 보는 것은 꿈을 꾸기 위한 것이고, 꿈꾸기란 궁극적으로 보기 위한 것이다. 보는 것에서 꿈을

별, 혼합재료, 45×45.4cm

꿀 수 없다면 보이지 않는 것에서는 어떤 아름다움조차도 가질 수 없다.

한동안 색채의 맑은 기운이 나를 간절하게 했다. 미묘함과 팽팽함이 상처 입은 꽃대처럼 흔들렸다. 처음 물감을 접했을 때가 생각난다. 하얀 도화지에 수채화 물감을 떨어뜨리는 순간, 노란 물감이 흰 도화지에 환하게 스며드는 것이 아닌가. 어떤 물질이 다른 재료를 만나 섞이는 과정이 이토록 신기할 수밖에 없는 일이었다.

재료도 그때그때 달랐다. 어느 날은 돌가루와 잿소를 섞어 캔버스에 바르기도 하고 또 어떤 날은 황토만 바를 때도 있다. 신문지와 한지를 섞어 풀칠을 하고 시멘트 가루를 살짝 바르기도 한 날이 있었다. 물감 한 통을 캔버스에 쏟을 때도 있고, 실 뭉치나 국수를 가닥다각 잘라 캔버스 위에 뿌리는 날도 있다.

바람이 지나가는 동안 캔버스 위를 바라본다. 나 자신조차 캔버스 위에 그려지는 그림이 어떤 형태를 가질지 모를 때도 있다. 물감의 재료는 아크릴을 주로 사용한다. 아크릴이 지닌 물성이 내 작업과 잘 맞는다. 사나흘 동안 오로지 한 작품이 완성될 때까지 몰입해서 그리는 편이다. 꼭 그렇게 시간을 보내고 나면 꿈을 꾸다 갓 깨어난 사람 같다. 현실의 시간으로 되돌아오기까지 멍한 시간들을 기꺼이 지체해야 한다.

 중학교 때 처음 시를 읽었다. 처음 읽었던 시는 일기장 한 귀퉁이에 적혀 있는 예이츠나 발레리 같은 외국 시들이었다. 차차 책을 읽기 시작하면서 이성복이나 기형도, 송재학 같은 현대 시인들의 시를 접했다. 충격이었다. 교과서의 시들만 접하다 읽게 된 이성복이나 황지우의 시들은 중학생인 나로서는 잘 이해가 되지 않았지만 뭔가 내가 알지 못하는 세계에 대한 호기심을 자극했다. 그러다가 시를 썼고, 대학에서 문예창작을 전공하게 되었다. 스물두 살에 문예지 신인상에 당선되면서 시인이 되었다.
 그 무렵 나는 영화에도 깊이 빠져 있었다. 도시락 하나 싸 들고 시청각자료실에 들어가 방학 내내 영화를 보고 집으로 돌아오곤 했다. 심지어 다시 수능시험을 보고 연극영화를 공부하기 위해 대학을 다시 들어갔다. 왕가위나 타란티노, 후시아오시엔, 레오스 까락스에 감탄하며 수많은 영화를 보았다. 졸업과 동시에 영화사에 취업이 되고 유명감독과 시나리오 작업도 했다. 하지만 온전한 내 작업이 아니었다. 감독이 되지 않는 이상 내 이야기일 수 없었다. 시도 영화도 모두 뜻대로 되지 않았다. 재능을 탓하기 전에 삶을 경험하고 살아낸 시간이 너무 빈약했다. 모든 게 엉망진창이 되었다고 생각할 무렵 나는 중국에 있는 타클라마칸 사막으로 가게 되었다.

사막을 여행한 건 우연한 계기였다. 그곳을 가지 못하는 사람이 자기 대신 보고 와 달라고 떠미는 바람에 짐을 꾸렸다. 중국의 서안에서 돈황과 명사산을 지나 투르판과 우루무치까지 이르는 여정이었다. 문단의 여러 시인과 소설가 사이에 끼여 다녀왔다. 돈황에서 경험한 시간들은 내게 적잖게 충격을 주었다. 돈황 석굴에서 본 그림들은 몇천 년이 지났지만 기묘한 영감을 불러 일으켰다. 수많은 개미굴 같은 동굴 속에 한 사람 한 사람 숨어 들어가 목숨처럼 그린 벽화들. 그런 굴이 1,000개가 넘었지만, 발굴되어 있는 것은 500개가 채 되지 않았다.

벽화들은 동양미술의 뿌리로 일컬어지는데 초기에는 민간신화가 주로 등장하고 있다. 마치 조르주 루오의 야수파 회화를 보는 듯 강렬했다. 손전등을 들고 어두운 동굴을 비추며 보았던 많은 벽화들은 훗날 내 그림에서 추상적인 모습으로 나타났다. 자신의 전 생애를 어두운 동굴 속에 갇혀 그림을 그리는 것으로 대신했던 사람들, 그토록 목숨을 바쳐가며 그렸던 그림들은 무엇이었을까. 그 순간 색채에도 소리가 있다는 것을 홀연히 경험했다. 그 소리는 오랫동안 나를 따라다녔다. 현악기 제조인들은 이런 비어 있는 공명을 침묵의 영혼이라고 부른다고 한다. 어쩌면 나는 그 영혼을 따라나섰을 것이다.

그림을 어떻게 그리게 되었는지 간혹 누군가 묻곤 한다. 이런 질문을 받으면 참 부끄러워진다.

"처음으로 돌아가고 싶었어요."

두 아이를 낳고 우울증이 찾아왔다. 연년생 아이를 기르는 일은 너무나 힘들고 고되었다. 아이는 하루에도 몇 번이나 기겁하며 울었다. 씻기고 먹이고 재우고 빨래하고 설거지하고 청소하는 동안 하루는 그냥 무너지기 일쑤였다. 몸은 부을 대로 부었다. 한 아이는 업고 한 아이는 안은 채 어르고 달래며 지냈다. 그때는 정말 시간이 빨리만 가길 원했다. 아이들이 학교 갈 만큼만 자라준다면 내 젊음은 기꺼이 내줄 수 있었다.

아이는 해만 지면 울어댔다. 이유가 없었다. 그때마다 쉴 수 있는 공간은 화장실이었다. 화장실에 앉아 있는 5분은 내게 더없이 행복한 시간이었다. 그 순간 돈황의 동굴이 떠올랐다. 어두컴컴하고 앞 길이 보이지 않는 동굴에 초라하게 앉아 있는 한 여자. 생머리에 화장기 하나 없는 여자가 지칠 대로 지친 채 버려져 있었다. 나 자신을 버리지 않으려고 내팽개치지 않으려고 무엇이라도 붙들어야만 했다.

그렇게 그림을 그리기 시작했다. 매일 일기를 쓰듯이 그렸다. 도무지 두 아이를 데리고는 글쓰기에 몰입할 수가 없었다. 아이들과 같이 크레파스로 그림을 그리기 시작했다. 아이들의 낙서를 따라 나서기도 했고 아이들을 위해 그림도 그려주기도 했다. 남편이 아이를 보는 하루는 내가 그림을 그릴 수 있는 시간이었다. 그림은 그 시절 내게 휴식이었다. 즐거움이었고 행복이었다. 무엇을 그려도 좋았다. 그림은 많은 에너지를 요구했지만 그리는 동안은 즐거웠다.

"크리스마스 새벽에는 동물들이 말을 할 수 있게 된대요. 동물의 말을 알아들을 수 없겠지만요."

내 그림에는 동화적인 세계와 추상의 시간들이 가득하다. 동화 속에서는 모든 것들이 가능하다. 동물들이 말을 하고 꽃들이 바람이 될 수 있으며 구름이 옷을 입을 수 있다. 마음이 아픈 곳에 꽃이 피고 슬픈 얼굴을 가린 손가락은 창문이 된다. 떠오르는 생각들을 따라 드로잉을 하면 배경은 늘

추상화가 된다. 또 어떤 날은 반추상화로 전체 화면을 끌고 간다. 추상화 작업을 할 때는 드로잉을 하지 않는다. 즉흥성에 기대는 편이다. 몇 날을 화면만 바라본다. 머릿속에서 수없이 드로잉을 했다가 지우곤 한다. 작품으로 완성될 때까지 수없이 덮고 바르고 고치는 작업이 반복된다.

붓으로 물감을 찍어서 캔버스에 바른다. 영혼은 만족하지 않고 다른 색을 계속 요구한다. 오른손은 미친 듯이 물감을 캔버스에 바른다. 그림을 그릴 때는 음악을 켜놓는다. 대개 클래식 음악이다. 가사가 뒤섞여 있는 팝이나 가요는 언제부턴가 거슬리기 시작했다. 오로지 선율만 전해지는 음악이 편했다. 그림을 그리면서 계산은 하지 않는다. 그래서 딱 한 번에 완성되는, 헤매지 않는 그림을 그리고 싶지만 잘 안 된다. 헤매고 버벅거리다 겨우 완성한다.

"왼손으로 그림을 그려보면 어떨까 해서 붓을 잡았는데 완전 어린아이처럼 삐뚤이지 뭐예요. 근데 원시적인 그런 느낌이 좋았어요."

내가 한 화가에게 이렇게 말했더니 그는 다른 손도 그렇게 되도록 하라고 한다.

"왼손의 어눌한 느낌을 오른손으로도 그릴 수 있어야 해요. 피카소의 추상화나 장욱진 선생의 그림이 어린아이 그

림 같다는 것은 바로 그 지점이지요. 원시적인 감각조차도 그려낼 수 있는 경지 말이에요. 아무나 그릴 수 있는 것 같지만 그건 정말 쉽지 않아요. 왼손으로 계속 그려보면 오른손처럼 느껴지는 그 지점이 있을 거예요."

그때 나는 왼손을 다시 바라보았다. 아니, 내 오른손을.

문래동 스페이스 나인에서 5번째 개인전을 했다. 문래동에서 전시는 처음이었다. 문래동 스페이스 나인은 공장을 갤러리로 바꾼 곳이다. 지붕의 나무 목재가 그대로 드러나서 꽤 멋스러운 공간이다. 햇살이 갤러리 안까지 들어왔다.

이루어지는 별, 혼합재료, 53×45.5cm 부분

전시를 할 때마다 공간에 꽤 예민해진다. 다행스럽게 스페이스 나인의 공간은 전체가 어두운 편이다. 조명은 오직 그림에만 집중되도록 설치되어 있다. 5번째 전시의 주제는 윤동주의 시에서 출발했다. 윤동주의 「서시」 중 "별을 노래하는 마음으로/모든 죽어가는 것을 사랑해야지"라는 구절이 있다. 이 구절은 내게 의미 있게 다가왔다. 왜 윤동주는 죽어가는 것조차 사랑하려고 했을까. 우린 살아 있는 것조차 사랑하기 힘든데. 그의 시에서 삶을 대하는 깊은 시선들이 내 가슴속까지 울려왔다.

몇 해 전부터 몸이 아프기 시작하면서 자주 피곤했다. 말이 조금씩 사라져갔다. 부신이 좋지 않았다. 알데스테론이라는 물질이 과도하게 분비된다. 이 물질은 혈압을 상승시키고 피로물질을 분비한다. 그래서 쉽게 몸이 피로해진다. 한 계절에서 다른 계절로 넘어갈 때마다 내 몸은 구근식물 같다. 마흔의 삶은 식물의 물관처럼 붉다. 발이 붓고 목이 아프다. 말을 하지 않아도 눈은 검게 물들고 입술은 자주 부풀어 오른다. 희귀병이라고 했다. 백만 명에 한 명 정도 있다고 한다.

  어느 날 몸이 아플 때 들리는 소리가 다르다는 것을 알게 되었다. 아픈 몸에서 들리는 소리들을 그리기 시작했다. 건강할 때는 들리지 않았던 소리들이었다. 구름에 엉기는 바람결 같기도 하고, 어둠을 접붙이는 용접공의 불꽃이기도 했다.

  밑 작업은 목탄으로 시작했다. 목탄은 가장 원초적인 재료다. 질감은 거칠고 뜨겁다. 오로지 검은 색 하나로 감성을 살려낸다. 길들이거나 정체되어 있지 않은 자연 그대로의 물질. 무엇보다 붓과 같은 도구를 쓰지 않고 손으로 직접 사용하는 점이 독특하다. 목탄과 손이 한 덩어리로 움직이면 감성은 더 예민하게 화폭에 담긴다. 소박한 재료이지만 감성의 폭은 깊고 크다. 목탄의 매력은 수없이 그리고 지우고 손으로 문지르는 행위를 통해 마치 기억이 켜켜이 쌓이듯 존재의 흔적을 남기는 것이 아닐까.

자정을 긋고 가는 하루가 내일로 향한다. 고요하다. 이 시간이 급소다. 음악을 들을 때는 이어폰을 귀에 꽂는다. 작업이 무르익는 시간이다. 습관을 고쳐야 생각만 가득하지 잘 되지 않는다. 낮에는 집중이 되지 않는다.

내 작업실은 집이다. 방 하나를 작업실로 만들어 사용한다. 종일 이 공간에서 한 발짝도 나가지 않고 붙들려 있을 때가 있다. 내 작업실에서 멍하니 있거나 그림을 그리거나 조각난 글을 쓰고 지우는 일, 나에게는 이것이 쉽이고 자유다. 아이가 어릴 때 잠을 재우고 그림을 그리던 습관이 지금까지 이어진다.

그림을 그리기 전에 장을 보고 집을 깨끗이 청소한다. 작업을 시작하면 정신이 없다. 오로지 그림이 완성이 될 때까지 모든 게 멈춰버린다. 엄마가 그림을 그리기 시작하면 고등학생 딸이 설거지며 빨래를 도와준다. 엄마는 다른 세계에 있다. 딸은 불만이다. 자신의 친구 엄마들과 다르다는 것을 눈치챈 딸은 예술가들을 싫어한다. 같이 살아보니 힘들다는 것을 몸으로 알아버린 딸. 나 역시 엄마 역할이 쉽지만은 않다.

다른 손을 위한 포에지

들소들은 어둠을 뜯고 붉은 꽃을 피워낸다

벽에는 수많은 손바닥이 찍혀 있다

어둠을 만진 게 아니라 어둠이 되어 있다

돌과 흙을 갈아 어둠을 열었다

자신의 한쪽 손을 바쳤다

꽃은 진흙 속을 구불구불 돌며 고개를 내밀고

물웅덩이에서 꿈틀거리는 뱀들과 함께 양치류가 자라나고

손가락이 붉은 진흙을 매만지기 시작한다

뭔가 처음인 듯 태어나고 있다

동굴이 어둠을 이끌고 가고 있다

— 정정화, 「손의 동굴」

여름 정원, 혼합재료, 53×45.5cm

다른 손을 위한 포에지

작업실에서 밤이 깊도록 그림을 그린다. 참 고독한 일이다. 얼마 전 에스파냐 동굴의 원시 벽화 사진 한 장을 보았다, 동굴 속에는 수많은 손들이 어둠 속에 찍혀 있었다. 누군가 자신의 살아 있음을 알리려 했던가. 여자들의 손이 대부분이라고 했다. 어떤 얼굴에 어떤 모습인지 알 수 없지만 그들은 자신의 실존을 알리고 있었다. 자기 자신을 알아차렸을 때 겹겹이 겹쳐 있는 과거의 손자국들 위에 자신의 손자국을 남겼다. 어두운 작업실에 쓸쓸히 앉아 홀로 그리는 이 행위가 동굴 속에 손바닥을 남긴 여인들과 다르지 않다. 나도 그 여인들과 같이 내 손자국을 남기고 있다.

정정화 1994년 《시와반시》 제1회 신인상 시 부문에 당선되어 작품활동을 시작했다. 〈그 길은 내 뒤에 있다〉, 〈별을 노래하는 마음으로〉 등 개인전 5회. 산문집 『'나'라는 이유』를 출간했다.

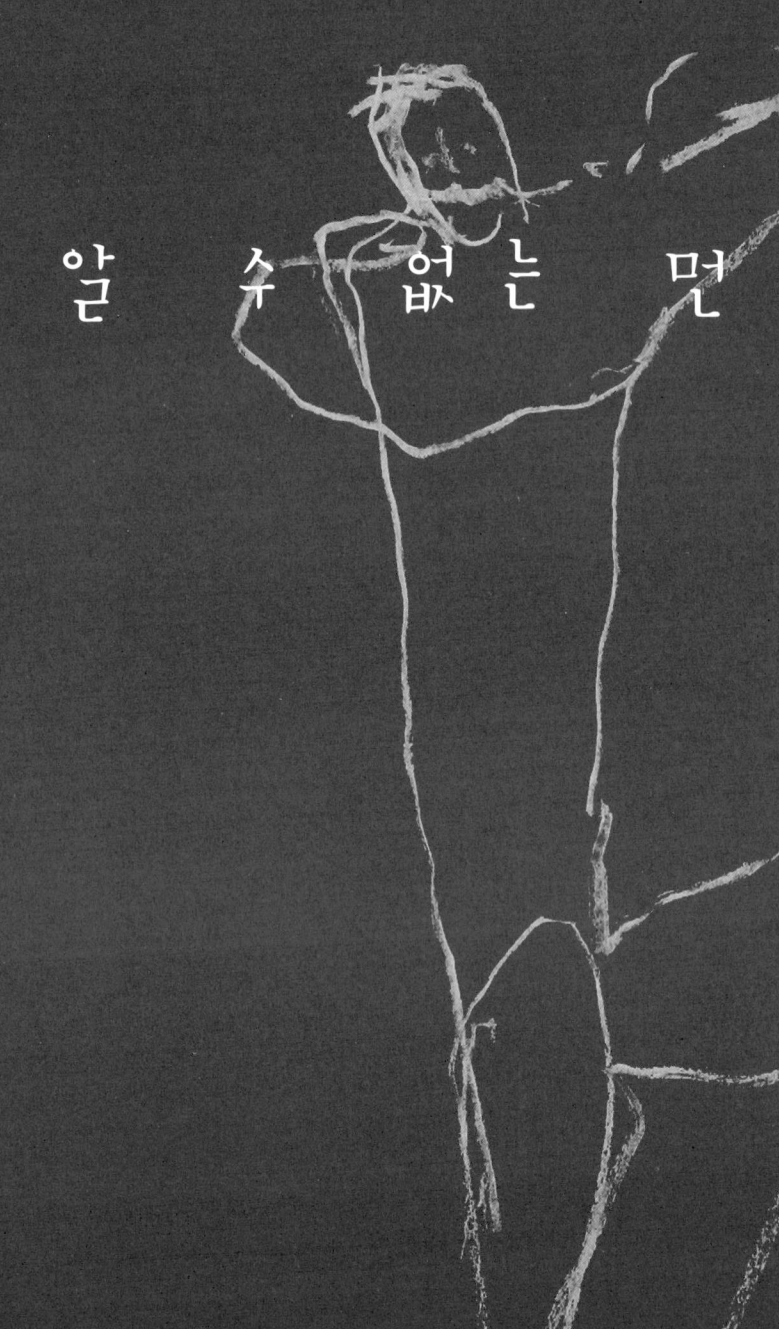

알 수 없는 먼

2 부

곳은 아련하게

나무 이야기, Mixed Media on Canvas, 163×131cm

우리가 잠들어 있는 동안
우주의 별은 피고 진다

양해영

한밤중에 나는 깨어 있다
무자비한 고요 속에서
나는 알고 있다
행성이 태어나고 꽃이 피고 죽어간다는 것을
마치 원추리처럼 차례차례 피고 또 핀다는 것을
구석구석 이 우주 속에서……

— Diane Ackerman, 「The Planets: A Cosmic Pastoral」(1976)

이 땅에서 작가로 산다는 것

그 많은 학문과 직업 중에 왜 하필이면 미술가란 직업을 가지고 마치 무거운 짐을 등에 지고 히말라야를 등반하는 사람처럼 낑낑대며 힘들어하는가. 이 문제는 아무도 궁금해

한 적 없는 사안이지만 가끔 혼자서 이 상황을 꺼내 들고 명상도 하고 또한 고민도 한다. 그렇다고 뭐 뾰족한 수가 나오는 건 아니지만 가끔 나도 모르게 그렇게 고민하고 있다. 아마 미술가로 살고 있는 이상 평생의 풀리지 않는 수수께끼가 될 것이다. 문제는 이 명제에 대한 명쾌한 답이 없다는 게 그 결론이다.

  이 무슨 맥락 없는 괴변이냐고 하는 사람들이 있다. 가끔 내 화실에 들러 부러운 눈길로 '신선놀음에 도낏자루가 썩는지도 모르는 놀이를 즐기는 사람', 또는 세상의 모든 사람이 고민하는 일들, 예를 들어 부를 쌓는 일이나 명예나 사회적인 지위 등은 나 몰라라 하고 자기만의 세계에 노니는 사람쯤으로 치부한다. 이런 말들이 별로 서운하지는 않다. 아주 틀린 말은 아니기 때문이다. '왜 그림을 그리는가'라는 질문은 '너는 왜 지금 살고 있느냐'와 같은 질문이고 동의어이기 때문이다. 내 삶이 이렇게 작업하는 일이고 그리는 일이 곧 내 삶이라는 결론이다. 여기에 왜냐고 누군가가 묻는다면 나는 뭔가 작업을 할 때에야 살아 있는 느낌이고, 작업에 몰입해야 잠시 잃어버렸던 나를 되찾는 기분이 든다고 할 수밖에 없다.

글을 쓰든 그림을 그리든 작가로 살아간다는 것은 쉬운 일이 아니다. 누가 이 길로 가라고 떠민 것도 아닌데 스스로 아무도 가지 않는 길에 들어서서 많이 힘들 때는 이 길로 먼저 지나간 사람들을 생각한다. 죽도록 가난에 허덕이다 마포의 버스 종점에서 비명에 간 김수영을 생각하고, 가슴에 구멍이 나도록 외로움과 고독에 홀로 살다간 박경리를 생각한다. 아마 내가 등 다습고 배부른 풍족한 집에서 태어나 유복한 성장기를 보냈다면 이 길로 가는 걸 중간에 포기하고 그만두었을지도 모른다. 어린 시절 나주평야의 끝없이 펼쳐지는 푸르름과 영산강으로 흘러가는 시냇물에서 뛰놀던 기억들이 살아가는 데 많은 힘이 된다. 장마가 오면 해마다 집이 물에 잠기는 강가에 지어진 친구 집에 놀러 가 모래톱을 뒤지며 조개를 줍던 추억이 험한 길을 가게 하는 힘이 된다.

내 작업에 대해 또는 내가 예술가로 사는 일상에 대해 무엇을 써야 할까 고민하면서 나는 왜 그림을 그리는가라는 명제를 다시 또 꺼내들고 깊이 생각하다가 떠오른 생각은 이것이 아니면 살아갈 목적이 별로 없다는 것이다.

작가에게 작품이란 대체 어떤 의미인가. 나에게 작품이란 나의 인생 전체이며 내 생에 일어나는 모든 일이 바로 이 길로 통하기 때문이다. 예전 미술기자나 평론가들과 인터뷰를

할 때면 그들은 아주 당당하고 당연하게 이런 질문들을 하는데 사실 질문을 듣는 순간 매번 당황하고 쩔쩔매며 별로 할 말이 없다. 마치 너는 왜 공기를 마시냐고 묻는 질문과 다름없기 때문이다. 사람이 사는 것에 정답이 없듯이 당연히 작가의 작업도 그렇다.

다만 조금 느껴지는 무언가는 나이를 먹어간다는 건 작업을 하는 사람에게 과히 나쁘지 않다는 것, 예전에 보이지 않던 것이 이젠 보인다는 것이다. 작업을 하는 사람의 눈에는 남들이 흔히 보지 못하는 것들이 보인다. 작업을 하며 이것저것 고민하는 작가의 눈은 그냥 눈이 아니다.

뭔가 투시하는 힘이 있다. 사물의 내면까지 그 뒤쪽까지 꿰뚫어 본다는 뜻이다. 이것이 착각이라 해도 좋다. 그냥 노력해서 되는 일이 아니고 자연스럽게 보인다.

근본적으로 자기 성찰이 없는 작업은 공허하고 허망하다. 나는 왜 미술가로 살고 있는지 끊임없이 생각해보는 일, 이런 일들이 바로 자신에게 말을 걸고 깊이 사유하는 순간이다.

그것이 글이든 그림이든 막론하고, 만약 작업에 자기 성찰이 빠지면 아무리 심각한 내용의 작품이라 할지라도 관객이나 독자에게는 공허와 허망으로 다가온다. 작업하는 사람에게 자기성찰이란 바로 가려운 본인의 다리를 긁는 것이다. 가려운 자기 육체는 놓아두고 남의 다리만 긁어대는 공허한 작품은 관객의 공감을 이끌어 내지 못 한다. 따라서 자기 자신도 공허하다. 그래서 대부분 작가들의 작품 내용이 자신의 이야기일 수밖에 없다.

파랑의 변주 (Variation of Blue)

평소에도 늘 과하게 파랑이라는 색채를 좋아하고 열광한다. 별 매력 없는 장소나 공간도 짙푸른 파랑으로 칠해져 있거나 하면 금방 매혹되는 파란색 애호가이다. 그동안 꾸준히 작업해온 내 작품의 주조색인 파랑이 화면에 칠해져야 마음이 평온하다.

내 그림 속의 파랑은 봄이면 지리산 만복대의 온 산을 뒤덮는 억새의 푸른 물결이다. 아침 일찍 천왕봉에서 바라볼 때 운해 속에 부드러운 곡선의 등뼈가 끝없이 이어지는 지리산 능선의 파랑이다. 약 70년 전 이데올로기가 무엇인지도 모르고 이 산속에 들어와 얼어 죽고 굶어 죽은 이름 없는 젊은이들이 뿌리고 간 영혼의 색이다. 나의 파랑은 바다이기도 하고 하늘이기도 하다.

삶의 열정에 내몰린 몇백만 마리의 물고기가 마치 한 덩어리인 양 살기 위해 몰아치는 동해의 청어 떼이고, 남해의 멸치 떼 이다. 나의 어린 시절 끝이 보이지 않게 펼쳐진 나주평야의 보리밭이 바람에 출렁이며 내게 보여주던 나만의 파랑이다. 죽은 자기 새끼를 놓지 못하고 20일간이나 끌어안고 대양을 헤엄치는 범고래의 색이다. 자기를 고용한 사장에게 '인생은 별것 아니야, 이 친구야'라고 외치며 해변의 모래사장에서 춤추던 조르바의 뒷배경으로 떠오른 지중해의 색이다. 지난가을 이즈미르라는 터키 항구에서 나를 건너편 유럽대륙의 이름 모를 해변으로 실어다준 배에서 바라본 에게 해의 파랑이다.

누가 가르치지 않아도 살고자 하는 열망으로 점철된 모든 살아 있는 것들의 존재와 그들의 영원할 것 같은 사랑의 끝은 소멸이다. 이 얼마나 다행한 귀결인가. 살아가는 일이 지난했던 나는 어려서부터 우리에게 죽음이란 이름의 소멸이 있다는 것이 얼마나 다행인지를 깊이 사색하며 살았다. 만약 우리에게 죽음이 없다면 신화 속의 저주받은 시지프스나 다를 바 없는 운명이 될 것이다. 이 다행한 소멸 앞에서 잠시 더 살아 있는 것들은 가증스럽게도 슬픈 척하지만, 아마 모르긴 해도 마음속으론 다행이라고 생각할 것이다.

파랑은 내게 침묵의 색이다. 이번 작업에서 오직 파랑만

파랑의 변주, Mixed Media on Canvas, 53×45cm

쓰다 보니 알게 된 사실은 색을 혼합할 때마다 오묘한 다층의 파랑이 피어난다는 걸 알았다. 붓이 갈 때마다 마치 기적처럼 파랑의 다양한 층이 생겨난다. 가만히 파랑을 응시하면 그럴듯한 말이 필요 없는 어떤 시공간에 드는 느낌이다. 파랑의 화면 안에 포함된 층층의 발색이 무지개처럼 부풀어 오른다.

하나의 개념에 깊이 몰입하면 이렇듯 천 가지의 오묘함이 나오는 것을 오늘에야 깨달았다. 단순한 진리를 이제라도 알게 되다니 이 또한 다행이다. 파랑의 바다에서 노니는 나의 기분을 누구라서 알겠는가, 물론 구태여

파랑의 변주 Gallery View

알 필요 없지만. 어차피 예술이란 장르는 자기만족이라 했던가. 본인부터 만족해야 관중이든 청중이든 만족하는 법이다.

2018 개인전을 위한 파랑의 변주는 그동안 파랑의 화면 위에서 나무 이미지를 제거하고 오로지 파랑이란 색채만 가지고 놀아본 작업이다. 작업을 하는 와중에 새로운 깨달음이 와서 나름 행복하게 작업해보았다.

나무 이야기

'나무 이야기'는 그림을 시작한 초기에 '우리들의 대지'라는 주제로 꾸준히 풍경을 그려오다 약 20년 전부터 나무만 집약적으로 그리는 작업의 전시 타이틀이기도 하고 작품의 제목이기도 하다.

작품을 관람하는 사람들은 계절과 함께 변하는 나무를 그리나보다 하고 생각할 수도 있겠지만 내게는 좀더 복잡한 속내가 있다. 물론 시절의 온도에 부응하는 색과 형태도 들어 있지만 내가 그리는 나무와 풍경은 이런 계절과 주변의

나무 이야기, Mixed Media on Canvas, 81×81cm

형태를 약간 비틀어 유아적이고 동화적인 내용을 보여주자는 의도가 있다. 다른 작가들은 별 관심 두지 않는 새둥지나 까치집 같은 것도 어린아이같이 평소에 관심이 많이 가는 편이다. 아마도 어린 시절 산과 들을 뛰어다니며 꿩의 둥지를 털어본 시골살이의 정서가 나이 들어가면서도 녹아 있었

나무 이야기, Mixed Media on Canvas, 162×81cm

을 것이다.

작업을 하지 않을 때도 화실에서 혼자 놀기를 좋아하는 내가 세상일에 별로 관심이 없다는 것을 아는 사람은 다 안다. 그러나 가끔 들려오는 이 땅의 소식들은 인간 희극을 보는 듯하다. 내 주변에는 사회참여 작업을 하는 작가가 많이

들 있으니 나는 평소대로 내 작업이나 열심히 하자고 다짐하지만 뭔가 중요한 일을 외면하는 것 같은 부채감도 있는 건 당연하다.

외국에서 몇 개월이라도 살아본 사람은 다 알겠지만 인구수의 120%나 집을 지어놓고도 집이 없어 전월세 주택에서 살아야 하는 젊은이들의 상황은 오직 대한민국만 있는 일이다. 은행과 몇몇 조무래기들이 조작하는 부동산 가격의 웃기는 코미디는 지구상에서 이 나라에만 있는 것 같다. 한 국가의 지도자라는 사람도 거기에 앞장서고 그 주변의 콩고물 챙기는 정치인도 그 노름에 같이 미쳐 날뛰니 개그도 이런 개그가 없다. 내가 한 톨의 희망을 버리지 않는 건 많은 사람들이 입을 모아 이제 그 놀음도 끝내야 한다고 말하기 때문이다. 나도 '그 끝이 보인다'는 데에 공감한다. 얼마큼의 소란과 혼란이 있어도 그 시간이 빨리 왔으면 한다.

자기 논문에 미성년 자녀의 이름을 공동저자로 올려 그 성과로 원하는 대학에 가는 일은 또 무슨 개그인가. 그렇게 그 대학을 나오면 인생에도 성공하는가. 분명 그런 일은 없을 것이다. 이런 철면피가 한두 명이 아니라니 이 또한 이 나라만 있는 코미디다. 남의 글과 논문을 베낀 가짜 박사 논문으로 교수가 되고 그 자식까지 거짓으로 같은 길을 가게 하는 게 그네들의 삶이다. 자식은 부모의 뒷모습과 그의 그림자를 보고 그걸 모방하며 자라는데 이런 의뭉한 수법으로 사는 부모의 행태를 옆에서 보고 사는 그의 자식들이 그렇고 그런 자식이 될 수밖에 없는 것은 당연하다. 세상의 이치는 간단하고 명료하다. 콩 심은 데 콩이 나는 것이다. 그런 야로를 부리는 교수도 그렇지만 별 검증 없이 그 학생을 뽑아주는 그 잘 나가는 대학의 교수들은 또 뭔가.

부동산 장사하며 키워놓은 교회가 아까워 자기 아들에게 그 자리 물려 주기 위해 꼼수를 쓰는 덩치 큰 교회의 목사도 있다. 중세의 왕위 계승도 아니고 진정한 신앙심조차 느껴지지 않는다. 한없이 교회의 덩치만 키우고 그 재물이 욕심이 나서 자식에게 물려주려는 가짜 목사도 이 나라에만 있는 명물이다. 거기에 합세하고 그렇게 하겠다고 나서는 교인들은 또 뭔가. 이런저런 일들은 세계적으로 봐도 대한민국에서나 가능한 일들이다. 교회와 사찰이 병적으로 번성하는 이런 코미디 역시 지구상에 이 나라에만 있는 기현상이다.

이 모든 주변의 웃기는 세상은 행인지 불행인지 내 그림 속으로 들어오지 못한다. 내가 서 있는 곳에서 보이는 풍경 조각들, 그 풍경에 시간과 빛에 따라 달라지는 이미지들의 파노라마, 자전거로 이동하는 출퇴근길에 억새꽃 사이로 보이는 녹색의 들판, 그 사이로 흐르는 안양천과 물속을 유영하는 힘차고 건강한 물고기들.

저만치 떨어져 혼자 동그마니 서 있는 버드나무의 늘어진 줄기가 바람에 슬그머니 흔들리는 나무의 향기와 그 나무 아래 누군가를 기다리는 긴 의자가 비어 있어 다행인 여유로운 시간.

봄이면 언 땅을 털고 나오는 이름 모를 잡초와 꽃들 사이로 허리를 쭉 펴고 하늘을 향해 손짓하는 보라색 엉겅퀴꽃, 산란하는 빛 속에 떠도는 벌들의 춤, 게으른 나의 늦잠을 깨우는 새들의 노랫소리. 비 갠 후 맑은 하늘의 뭉게구름과 기적처럼 퍼지는 봄의 초록은 바라보는 눈도 시원하지만 내 마음에도 파란 물결을 채우며 싱그러움을 준다.

꽃이 지고 나면 알알이 맺히는 열매와 씨앗의 축제, 그리고 지금 이 모든 자연의 이미지와 내가 합일되어 누리는 사유의 공간과 캔버스나 종이의 텅 빈 비어 있음의 충만은 나에게 그 무엇보다도 소중하다.

끝나지 않을 것 같은 찬란한 여름의 뜨거운 태양과 온 세상이 꽁꽁 얼어버리는 겨울의 혹독한 단련 속에서도 언제나 승리하고야 마는 자연의 숭고한 침묵을 보라. 이 얼마나 황홀한 순간인가. 예술가가 여기에 마음이 동하지 않으면 무

Persona, 종이 위에 먹, 30×40cm

엇에 동하리요. 어리석은 인간들을 비웃기나 하듯이 끝내 침묵하며 승리하고야 마는 자연의 승리와 아름다운 소멸을 바라보며 찬양하는 직업이 바로 예술가의 몫이다. 내가 평생 동안 마음을 빼앗기는 그 무엇은 바로 여기에 있다.

Persona

우리 모두가 다 아는 사실이지만 행복이라는 느낌은 아주 사소하고 순간적이다. 어느 순간 행복이라고 느끼는 찰나 불행한 일들이 터져 나오는 것이 바로 우리의 삶이다. 가끔 속이 시끄럽고 마음이 뒤숭숭하고 작업에 몰입이 안 되거나 우울이 찾아오면 얼굴을 그린다. 그려놓고 보면 결론은 자화상이다.

내 작업에서 드러나는 이미지 중에 얼굴이나 사람 형상을 그린 거의 대부분은 나 자신을 그린 것이다. 인간의 이중성이라는 오래된 철학적 주제가 역시 내 안에 많이 도사리고 있어 정신적인 독감인 우울이 나를 휩쓸고 있을 때 친구를 만나 대화하고 일상 속에서는 태연한 척 용을 쓰지만 그림이라는 매체를 통해서는 그 본연이 표현되는 것이 다행이라고 해야 할까. 나의 대답은 다행이라고 생각한다.

그야말로 가면 같은 표정의 다양한 드로잉을 하며 힐링이 될 때도 있다. 한없이 소리 지르는 표정의 드로잉은 그 후 몇 년을 보고 있어도 좋다. 그만큼 나의 내면에서는 입을 크게 벌리고 록 가수가 샤우팅을 하듯 소리 지르고 싶었던 것이 분명하다.

모든 사람에게는 무한히 많은 자아가 있다. 다중인격 장애를 가진 사람이 아닌 평범한 우리도 여러 개의 자아의 실체에 가끔 놀랄 때가 있다.

작업하는 그림에 집중이 안 되고 마음이 어디론가 외출해서 붓이 손에 잡히지 않으면 좀 긴 산책을 하지만 그래도 해결이 안 되면 그만 작업을 놓는 것이 상책이다. 하릴없이 마음이 쫄아 드는 강박증에 사로잡혀 화실에 있다고 작업이 되는 것도 아니고 심연을 알 수 없는 울렁증만 깊어진다. 특히 뉴욕 생활 중에 이런 증상이 심했는데 나중에 한참 시간이 지나고 헤아려보니 현대 용어로는 공황장애라는 증상이었다. 정말 알 수 없는 사연은 왜 내게 그런 우울과 공황장애가 찾아오는지 나 자신도 그 이유를 모른다는 것이다. 참으로 알 수 없는 삶의 수수께끼이다.

본 작업이 중단되면 뭔가 해야만 한다는 강박이 찾아온다. 이런 시간에 주로 얼굴 드로잉을 많이 했는데 결국은 내 속의 나 자신을 그리는 일이라 나도 모르는 사이 무의식 중에 갖가지 표정이 드러나고 한참 시간이 흐른 후에 보니 그 시간 속의 내 마음이 담긴 얼굴 하나가 여실히 드러난다. 어떤 때는 한없이 슬픈 표정이고, 때로는 영혼이 다 빠져나가고 빈 껍데기만 남은 듯한 공허한 표정도 있다. 연필이나 붓이 몇 번 가지 않은 간단한 선 속에 그야말로 다양한 표정이 있는 것이다. 이 작업들은 시간이 흐르고 한참 뒤에 뒤적여도 나에게는 어떤 의미로 남는다. 글로 밥 벌어먹는 작가들이 미주알고주알 일기를 써서 먼 훗날 다시 읽으며 새 작품을 구상하기도 하듯이 미술가에게는 이런 작업들이 비슷한 역할을 하지 않나 싶다. 그래서 가끔 끄적이는 종이 드로잉이나 조각그림들이 이런 의미에서 나에게는 무척 소중하다.

누군가는 말하기를 예술가는 '신들린 사람'이라고 한다. 물론 이 말은 왠지 다른 세계에서 노니는 엉뚱한 말과 행동을 하는 작가들의 멘탈을 지칭하는 말이기도 하다. 작가들은 뭔가를 쓰거나 만들지 않으면 무엇엔가 사로잡혀 다른 일은 전혀 할 수 없는 상태가 지속된다. 그러니 이 짓을 할 수밖에 없는 사람들이다. 이런 일이 행인지 불행인지 따져보는 건 예술 작업을 하는 사람들의 몫이 아니다. 그냥 자기에게 주어진 길을 가는 것이다.

가까이 더 가까이 곁에 있는 어떤 그림

내 작업의 최종 목표는 유치원의 어린아이나 초등학교 저학년의 어린이도 쉽게 읽거나 볼 수 있는 쉬운 작품을 하는 것이다. 지나친 욕심일지도 모르지만 이 목표를 향해 끝까지 가보려고 한다. 또 하나의 욕심이 있다면 많은 사람이 볼

Persona, 종이 위에 먹, 45×53cm

수 있는 곳에 내 작품이 걸렸으면 하는 바람이다. 작품을 비싼 값에 팔아 그 돈으로 잘 먹고 잘 입고 싶은 생각은 없다.

주변에 작품이 좀 팔린다는 작가들이 그렇게 팔고도 가난은 전혀 벗어나지 못하는 것을 목격할 때 내 마음은 쓸쓸하다.

작품의 무덤이라고 불리는 박물관이나 미술관의 수장고에 잠들어 있는 작품이 일반 대중이나 작가에게 어떤 의미가 있는가. 정작 누구에게도 의미 없는 일이다. 작가의 작품이 유통되고 소통되는 곳이 아니라 멋지게 지어진 현대식 석조 건물의 지하 수장고에서 몇백 년간 빛 한 번 보지 못하고 수인처럼 갇혀 있는 작품이 되기를 원하지 않는다.

양해영 회화, 설치, 사진, 영상, 판화 등 여러 매체를 넘나드는 작업을 하고 있으며 그동안 〈나무 이야기〉, 〈파랑의 변주〉, 〈내가 생각하는 곳에 나는 없다〉 등 개인전 18회, 국내외 그룹전 200회 이상 참여했다.

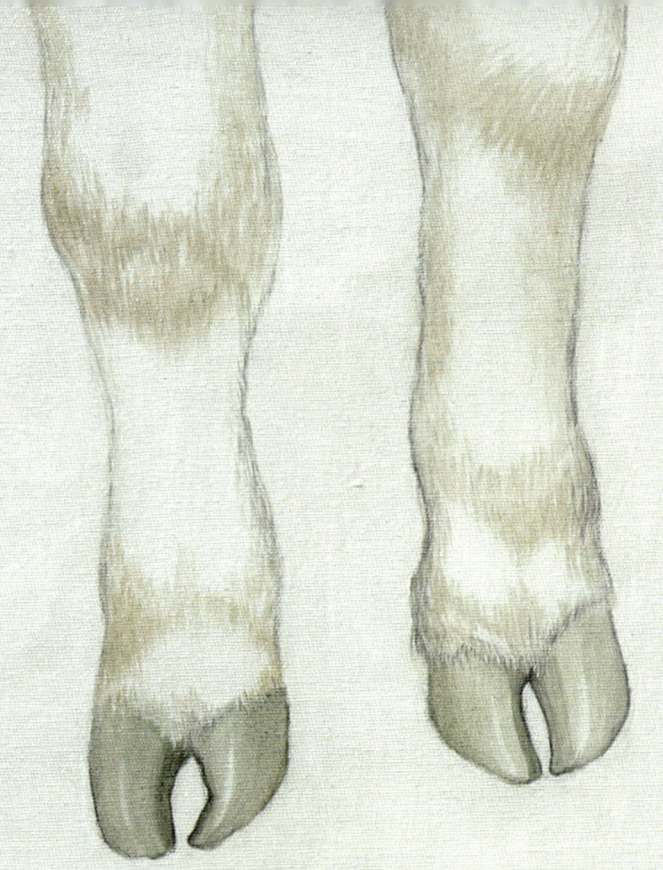

march, oil on canvas, 72×53cm, 2011

Lee Lochyun

그림 없는 말[*]

이록현

Snow job

 기르고 있는 화초들을 물끄러미 보다 간혹 소스라치게 놀란다. 이 식물들에 끓는 물을 부어주는 상상을 하는 것이다. 뜨거운 김이 나는 주전자나 냄비를 들어 올리면 머리 위의 위험을 모르고 얼굴을 들고 있는 화초가 보였다 사라진다. 내가 요즘 마음을 많이 쓰고 있는 대상이 화초인가 하다가 어제도 끓는 물에 데쳐먹은 식물들에 생각이 간다.

 그것은 뭐란 말인가. 뿌리에 가까운 부분은 미리 담가 숨

---

[*] 이 글들 앞에 붙여진 소제목은 내 그림들의 제목이다. 그림에서 떼어져 나온 제목들이 나로 하여금 어떤 이야기를 하게 할까 하는 궁금함에서 출발한 글들이다.

을 더 죽이기까지 했는데……. 비단 이것뿐일까. 아무래도 내 머릿속엔 내려 덮인 눈들이 있는 것 같다. 잊어버리고 새삼 하는 경계, 경계하면서도 잊는 것들, 새삼 하는 주장이 전에 것들과 반대편에 서 있음을 알고도 또 하는 새로운 주장. Snow job. 이렇게 흰 눈들이 머릿속을 덮어주고 가끔 그것이 녹는 순간 질척한 재색을 피해 다시 흰 눈 덮인 곳을 디뎌 서 있는 것. 그래서 부쩍 내 그림의 모든 색들은 흰색과 섞인 다음에 그려지는 걸까.

봄을 기억할 봄 Spring to remember seeing

봄은 다른 계절에 비해 볼 것이 더 많은 계절이라기보다 움트다, 올라오다, 틔우다 등의 말들이 따라붙듯 어떤 나타남을 드러내는 시기이기에 보는 것이 더욱 각별한 계절인 듯하다.

때때로 내가 바라보는 대상보다 보고 있음 자체를 자각했던 순간은 바라보았던 그 대상을 더욱 각별하게 기억에 남긴다. 봄의 기억은 아니지만 최초로 나에게 비어 있는 색으로 기억되는 색이 있다. 나중에서야 까마중이라는 이름의 한해살이 풀임을 알게 된 그 풀의 기억은 잎사귀나 덜 익은 열매의 초록도 아니고 흰 꽃과 꽃술의 흰 노랑도 아니고 가

만두면 쪼글거리며 말라 더 진해지던 검은색도 아니다. 다 익은 열매들이 까만색으로 뒤덮여 있던 둔덕에서 입과 손에 푸른 보라색 물이 들 때 까지 까마중을 따먹고 돌아간 날, 잃어버리고 온 신발주머니를 찾아오라는 할머니의 야단에 다시 되돌아간 그곳에서 본 것은 내가 먹어치운 자리만큼 생겨 있던 큰 동그라미였다. 앉은걸음으로 엉덩이를 옮겨가며 따먹을 때는 보이지 않았던 그 비어있던 색. 문득 어느 초식짐승 중 하나는 이 비어 있는 색을 알고 있을 것만 같은 생각이 든다. 형용하지 못하니 그려낼 수도 없는, 본 것으로만 남아 있을 색. 끝내 찾지 못한 신발주머니는 무슨 색이었는지 기억이 나질 않는다.

학자의 새

세상에 호기심이 많은 한 학자가 있다. 세상 돌아가는 일이 궁금해서 세상을 봐야겠는데 요즘 그분은 어떤 책을 쓰느라 세상에 나가볼 시간이 없다. 그래서 새를 보내기로 결정했다.

새라면 많은 걸 보고 올 것이기에 새를 보내고 난 후 그는 새와 대화할 수 있는 방법을 연구했다. 그가 쓰고 싶은 책의 탈고는 자꾸 미뤄지고 있다.

숲 Forest

어느 하나 똑같지 않은 가지와 잎들을 달고 서 있는 나무들을 마주한다. 그리고 보이는 키를 뛰어넘을, 보이지 않는 땅 아래로도 뻗어 있을 생장을 생각해본다. 그것은 해를 향한 돋음보다 더 복잡하고 더 커다랄 것이다. 마주한 사람들이 안에 키우고 있을 뿌리들을 생각해본다.

길을 걷다 발밑이 기우뚱해진다.

울지 않고 양파를 써는 법

손가락을 먼저 썰고 그 다음에 양파를 썰면 된다. 물론 비유다. 스스로에게 용기를 말할 때도 두려움을 표현 할 때도 나는 이렇게 소심하게 악의를 가장한다.

사람을 앞에 두고 말할 땐 성공한 적이 잘 없다. 시를 쓸 때나 그림을 그릴 때 조심스럽게 그러나 면밀하게 준비해서 내 놓는다. 그걸 알아차리는 사람만이 약해빠진 가시를 제치고 장미를 꺾어갈 수 있다. 때로 정말 악의의 것을 쏟아 놓은 사람들이 있다. 아무리 손을 상해가며 헤집어 보아도 가시뿐인데 장미를 꺾어가지 않는다고 한다.

응시 gaze, drawing on paper, 36×29cm, 2004

귀머거리 개

 시골이라 대동물들이 주로 대상이었던 아버지가 하셨던 수술 중에 쳐진 귀를 세워주는 수술이 있었다. 체구는 컸지만 순해보이던 개가 주인 손에 끌려와 귀를 자르게 되었다. 딸깍 소리와 함께 맞물려 잠기는 가위가 수술할 부분의 지혈도구 겸 스케치 도구가 되었다. 수술은 종이 오리듯 너무도 쉽게 끝나고 수술이 끝난 곳엔 덜 날렵한 모양의 부메랑 두 개가 남겨졌다. 아버지는 다른 형제들과는 달리 눈을 똑바로 들이대고 구경하던 나를 옆에 얼쩡거리도록 내버려 두셨다. 그래서 종종 왕진까지 따라가서 동물들과 아버지를 지켜볼 수 있었다. 허락된 동행이지만 언제 내침을 당할지 몰라 걸리적거리지 않도록 내 행동엔 항상 과장된 차분함이 있었다. 약병을 집으실 때 집게를 찾으실 때 메스 날 포장지를 벗기려 할 때 마치 조수처럼 아버지의 다음 동작을 알아내려 했고 간혹 적시에 집어드리거나 찾아드리면 아주 잠깐 나를 보신 듯도 했다. 그럴 때는 축사의 분변 냄새, 피 냄새, 포비돈 냄새 같은 건 느껴지지도 않았다. 잘려진 귀의 일부분은 따뜻하지도 차갑지도 않았다. 몰래 손가락으로 문질러보는 내 등 뒤로 쫑긋하게 잘 서겠네, 인물 나네, 개 주인의 음성.

아빠, 꼭 귀를 잘라줘야 해? 물었던 질문에 귀가 덮여 있으면 염증나기 쉬워 진물이 날 때도 있고 또 소리를 잘 들으라고 잘라준 거야. 아버지가 하시지도 않은 말을 나는 들은 것처럼 기억하고 있다. 내가 애초에 아버지한테 묻지도 않았던 것들. 내가 타인에게 묻지 않은 것들.

이해를 하고 싶은 것 앞에선 가끔 이렇게 귀머거리 개가 등장한다. 그 귀머거리 개는 주인 입만 쳐다보고도 행동할 줄 알았다.

틀의 꿈

화초들이 나보다 그림을 더 그려대는 통에 부끄러움이 앞선다. 움켜쥐어야 할 공간을 두고 그곳으로 손을 뻗듯이 자라는, 자신이 차지할 공간을 한참을 가늠하다 선 하나를 긋는 식물들을 오래 지켜본 날에는 자면서 그림 그리는 꿈을 꾼다.

Autoportrait

auto-

1. '자신', '스스로', '저절로'의 뜻을 나타냄

2. 자동적으로 이뤄짐을 나타냄

portrait-

1. 초상화, 인물 사진(특히 어깨 윗부분까지만 나온 것)

2. (상세한) 묘사

  20대 어느 시기까지 나는 생일이 돌아오면 자화상을 한 장씩 그렸다. 자화상은 말 그대로 스스로 그려낸 초상화이다. 지금 생각해보면 그 나이대다운 태도였다. 그 후로 자화상은 그리지 않는다. 아니 자화상이 달라졌다고 하는 것이 맞는 말이겠다. 거울을 쏘아 보거나 눈앞에 나를 띄워두고 그리는 대신 좀 더 여러 곳에 투사가 된, 그렇게 '그려진' 나를 발견하고 있다. 인간의 특징 중 하나가 자신은 물론 자신을 둘러싼 존재, 외계(外界)를 끊임없이 대상화 하는 것이 아닐까. 그래서 우리는 형용하고 규정하고 이미지화한 많은 것들과 함께 살아간다.

  쥐를 한 마리 보았다. 몸을 최대한 낮추고 지금 사라지는 중이라고 말하듯이 재빨리 움직이는 모습도 아니고 어디로 몸을 숨겨야 할지 몰라 웅크린 모습도 아니고 버둥거리다 굳어버린 뻣뻣한 모습도 아닌 상점 앞 사람들이 지나다니는 길 위에 앉아 등으로 볕을 쬐면서 무언가에 몰두해 있는 모습이었다. 쥐를 무서워하는 나로서는 그 쥐를 발견했을 때 이미 그 자리에 없었어야 하지만 내 기척에도 미동도 없이 앉아 있는 쥐를 보면서 나도 미동 없이 서 있었다. 피하는 쥐와 그 반응으로 즉각 또 피해주던 나. 그 그림이 그날은 쥐의 평온함 때문인지 나 역시 으레 하던 반응을 하지 못하고 물끄러미 보고 서 있는 그림이 되어버렸다.

"어머 얘가 왜 이래."

전형적으로 흐르지 않는 상황을 앞에 두고 서 있는 동안 가게 문을 열고 나오던 주인아주머니가 문 앞에 앉아 도망갈 생각은커녕 제 할 일만 하고 있는 쥐를 보더니 입으로 쫓는 소리를 내보신다. 다시 들어가서 들고 나온 빗자루로 쥐가 앉은 옆을 툭툭 쳐보지만 역시 미동도 없는 쥐를 보며 '어머 얘가 왜 이래' 하신다. 참 별일 다 보겠네라며 실소와 함께 동의를 구하듯 나를 보시기도 하고 지나며 일별을 던지는 사람들과도 눈 맞춤을 하시던 아주머니는 빗자루를 챙겨들고 다시 가게 안으로 들어가셨다. 나 역시 조금 비켜선 걸음으로 그 자리를 피해주었다. 동그랗게 앉은 등과 가다가 다시 뒤돌아서 바라본 수염을 고르고 앞발을 쓰다듬던 모습의 그 쥐가 문득문득 생각이 난다.

내가 여태 쥐라고 그려놓았던 그림 위로 다시 그려진 그림 한 장. 그 쥐가 그린 Autoportrait.

나는 얼마나 많이 이런 엉터리 초상화들을 그려 놓았을까.

그리고 새삼 깨닫는 것, 등을 데워주는 오후의 봄볕은 나에게도 쥐에게도 똑같이 좋은 것이라는 것.

진부한 사랑 L'amour cliché

어디가 고장 난 것인지 모르는 예술이 두렵다. 기술 같은 것이면 얼마나 좋으랴. 백 번 중의 좋은 한 번의 마음 떨림에 예술을 버릴 수 없다.

행진 March

여느 때보다 본다는 것에 탐욕적인 시대에 살고 있다. 하나의 생명이 죽어가는 장면도 김이 오르고 냄새까지 전해질 듯한 진미의 음식도 해설이 곁들여지고 음악까지 더해져 보는 사람의 감정과 사고를 안내한다. 이런 세상에서 한 점의 그림이 그려지는 동안 작가인 나는 무엇을 준비하고 무엇을 장치하고 있나. 아니 무엇을 장전하고 있나 물어본다. 천둥 같은 소리가 아닌 작은 소리가 답을 해온다. '그저 가끔이라도 쓸데없이 바쁜 다리들을 풀리게 했으면 좋겠어'라고.

타동사 transitive verb, photoengraving 1/3, 40×50cm, 2004

14세

죽지도 않은 할머니를 이젠 갈 시간이라고 염을 한 채 눕혀두고 있었다. 둥둥 싸매고 있는 것들을 헤쳐보니 벌써 죽기라도 한 양 딱 붙어 있던 눈이 주저주저 떠진다. 벌써 지루해 하는 낯빛들을 향해 당장 풀라고 소리쳤다. 오랫동안 걷지 않은 할머니의 발바닥에서 번지는 죽은 물고기한테서나 나올 듯한 물 얼룩들을 못 본 체하고 사온 운동화를 예쁘게 신겨드렸다. 난처한 듯 연신 저어대는 곱은 손마디가 이 없는 입으로 웃는다. 물기가 번들거리는 눈가는 내가 보기 싫어 가려버렸다. 다시 고래고래 소리를 쳤다. '내가 할머니랑 살겠다고, 내가!' 그래 내가 지독히도 다행스럽게 그렇게 말했다. 맹세는 그렇게 꿈에서만 생색을 냈다. 14살 여름, 할머니가 돌아가셨다. 가끔 할머니 꿈을 꾼다. 자리에 누워 계셨던 시간이 십수 년인 것도 아니었는데 말도 잃고 아무것도 혼자 하실 수 없었던 할머니를 보는 게 힘들었을까. 길지도 않은 시간 옆에서 돌본 그 시간이 힘들었던 걸까. 14살의 나이를 잠시 돌려받은 나는 나도 모르게 가졌을지도 모를 속마음을 그렇게 내보인다. 죽은 다음에서야 커지는 존재들을 생각한다.

Bigger than life

그림 앞에 오랜만에 앉았다. 머릿속은 어머니와의 통화가 자리를 차지하고 앉았다.

연락이 뜸한 남동생에 대한 아쉬움을 들어드린 통화였다.

돈을 버느라 바쁜 아들의 상황이 그 서운함을 상쇄시킨다는 것도 슬픔인데 나에게 그런 상황은 좀체 많질 않아 나는 허둥댈 때가 많다. 붓보다 무거운 것을 들지 못해 그림을 택한 것이 아닌데 이제는 붓이 제일 무겁다.

무언가를 들 때 호흡도 자세도 집중해야 다치질 않는다고 한다. 집중을 못해선지 붓을 들 때마다 여기저기 아프다고 하는 데가 있다. 별 지랄 같은 핑계도 다 봤네, 라고 머리 오른쪽에 사는 의사가 한마디 한다.

Slide 미끄럼틀

'정치적 고려', 이 말만큼 실체가 없는 말을 근래에 들어본 적이 없는 듯하다.

'비틀거리며 기대어 누운 노란 수직선처럼', 이 말이 차라리 명료하다.

명료함을 누구보다 요구받아야 할 대상은 예술가보다 정치인들이다.

No title

이미지와 글을 굳이 대립시킬 필요도 없고 누구의 시종으로 삼을 필요도 없다. 내가 내 작업들에 특히 그림에 제목을 붙일 때는 제목 역시 하나의 이미지를 갖기를 바란다. 그려진 그림과 보는 이 가운데 놓인 제목이 보는 이로 하여금 열고 들어설 수 있는 또 하나의 문이 되었으면 한다.

활 Bow

그림을 그리는 사람은 그림을 그리면서 동시에 자신의 그림을 본다. 그래서 자신이 그리는 '그림'에 도달할 때까지의 여정을 고스란히 간직한다. 그런 여정이 엿보이는 작품을 보게 되면 그 작가의 물음에 내 삶의 주머니를 뒤지게 된다.

위안

색이 가진 감정과 온도가 있다. 물론 어느 하나의 색이 불러일으키는 감정, 소환하는 기억 등은 모두에게 동일할 수는 없지만 그래도 어느 정도의 보편성을 가지고 있다.

내가 손대지 않은 색의 물감들 그 물감들의 통통한 배가 무섭다. 가운데를 눌러 죽여버릴까 생각도 했다. 왜 사서 두고 자신을 괴롭히는지 묻기도 했지만 언젠가는 어느 구석에든 칠해질 감정이라고 믿었다. 내가 그려내는 심상들이 몇 가지 되지 않음에 때로는 이 색들을 훨씬 더 잘 다루는 이들이 있으니 내가 쓰는 몇 가지 색이면 충분하다고 위안하기도 했다. 그런데 거기에 더해 누나 그림은 세탁기로 몇 번은 빨아버린 것 같다는 남동생의 말까지 듣고 보니 여러모로 내 좁직한 면이 고민이 되었다. 하지만 연하다고 물들지 않는 것도 아니고 진하다고 빠지지 않는 것도 아니다. 이제는 도리어 내가 의도치 않게 갖게 된 멀건 톤(tone)에 대한 생각을 해보게 되었다.

톤은 진하든 흐릿하든 낮든 높든 분명한 것이다. 일정함이 어느 정도 수반 되면 전달되는 것이다. 예전엔 그림이 강하고 거칠었다. 색, 형이 단순히 거칠었다기보다 담고 있는 감정들이 그대로 여과 없이 드러났고 주장을 해댔다. 하지만 언제부턴가 그림의 색감도 담고 있는 심상들도 흐릿하다. 아무래도 내 심상의 산물임에도 지나고 난 뒤의 감정으로 봤을 때 생경함으로 마주할까 두려워하는 것일 수도 있고 무언가에 대해 점점 더 장담하는 것이 어려워지는 내 자신이 드러난 것일 수도 있다는 생각이 든다. 그것도 아니라면 내 자신도 완전히 알지 못하는 것을 내어놓고 그것을 마주할 사람들이 채워주고 돌려주길 바라는 마음이 작용한 것일수도 있다. 모호함이 '찾은 답'은 또 아니기에 언젠가는 배가 통통한 그 물감들도 손댈 때가 있고 마주할 생경함을 두려워하기보다 거침없이 담지 못하는 것을 고민할 때가 있을 거란 생각이 든다.

그려진 그림 또한 나를 본다는 생각, 베어진 나무 위에 앉히는 그림들이라는 생각을 하고서부터는 그림을 그릴 때까지 주저하는 시간이 길어진다. 게으름에 대한 변명이라기엔 조금 지나칠 정도로.

대화 Dialogue

'나는 말주변이 없다'는 말은 내 말을 중심에 올려달라는 다른 표현은 아니었던가 생각해본다.

신전 Shrine

'왕처럼 명령하고, 노예처럼 일하고, 신처럼 창조하라.' 조각가 콘스탄틴 브랑쿠시(Constantin Brancusi)의 말을 오른팔에 새겼었다. 맨 아래에는 '그리고 신처럼 울어라'는 말을 덧붙여놓았다. 한데 신은 우는 존재가 아니니 예술가라도 울어야 한다.

물론 웃으면 좋다.

하지만 우는 것도 잊지 않아야 한다. 내가 신이라면 눈물 콧물을 달고 살 것 같다.

춤 dance, drawing on linen, 115×88cm, 2004

가지치기

오랜만에 길에서 마주친 동료작가에게서 믿고 싶지 않은 이야길 전해 들었다. 서로의 안부를 나누던 끝에 혹시 누나 작업실 아래층에 계셨던 공장 사장님 소식 누나도 들으셨어요 그분이 돌아가셨대요. 스스로 목숨을 끊으셨다는 비보를 주변 공장 사장님들께서 나누는 걸 들은 모양이었다.

대학 졸업 후 6년 동안 한국을 떠나 있다 돌아온 곳이 유년기를 보낸 곳도 대학시절을 보낸 곳도 아닌 또 다른 낯선 곳인 서울이었다. 어디에도 내 둥지가 없었기에 옮겨야 하는 데로 옮긴 곳이 홍대에서 연남동을 거쳐 문래동이었다. 그렇게 온 곳이 문래동이었지만 나에게는 어느덧 '동네'가 되었던 문래동을 다시 떠나기 전까지 햇수로 9년을 아래층 윗층으로 이웃하며 지낸 분의 소식이기에 언뜻 믿고 싶지 않았다. 문래동의 그곳에 자리 잡은 시기는 달라도 공장 사장님과 나는 같은 시기에 떠나야 했다. 좀 작긴 해도 공장 규모를 줄여 문래동 다른 곳에서 다시 시작해볼 거라는 인사를 마지막으로 한 것이 불과 몇 개월 전이었다. 지내다보면 서로 얽히기도 하는 나무의 가지들, 나와 이웃했던 가지들 중 하나가 잘려나간 기분이 들었다.

머리를 깎이고서 어색하게 간격을 두고 서 있는 나무들이 문래동에도 있다.

도착

일상과 그림과 시가 있는데 어느 한 쪽도 다른 쪽에 비해 덜 현실적이라 말할 수 없다.

그렇지만 또 같다고 말할 수도 없다. 거기에서부터 나를 흔드는 문제가 생기는 것이다. 그럼에도 불구하고 셋, 혹은 넷, 그 이상이 같이 가고 있는 이유는 한 쪽의 현실이 다른 쪽 현실의 특성을 좀 더 밝혀준다는 점일 것이다. 그런 식으로 알아간다. 그렇게 도착한 균형은 근면한 불안함을 가지고 매번 다시 출발을 시키지만 친근하게 좁아진 길이 어느 날은 내게로 달려들어 올 때가 있다.

이록현 이야기하고 싶은 것에 따라 여러 매체로 〈Sediment Box 침전물 상자〉, 〈Boyhood 소년기〉, 〈Au pays de la solitude 고독의 나라로부터〉, 〈Le champs d'Onan 오난의 밭〉, 〈I KONW YOU NEED ME〉 등 여섯 번의 전시를 했고 올해 회화 작업으로만 이루어진 〈돌무더기 공원〉이라는 전시를 준비 중이다.

어떤 그림, digital print, 90×60cm

균열의 틈으로부터,
몇 개의 문래동 이야기

송호철

그동안 문래동에서 두 번의 개인전과 이것저것 작은 프로젝트들을 진행해왔다. 그리고 현재 문래동 이야기를 담은 개인전을 준비하고 있다. 처음 문래동이라는 동네를 오가며 이런 곳에 작가들의 작업실이 자리잡고 있다는 사실이 낯설었고 서울의 도심 풍경치고는 꽤 강렬한 이미지로 느껴졌다. 동네 한켠에 작업실을 마련하고 있다 보니 그런 풍경들도 익숙해지고 알고 지내는 동네분들, 공장 사장님들과도 형님 아우님 하는 사이가 되었다.

나는 문래동의 공장들과 예술가들을 숲속의 다람쥐와 청

설모에 빗대어 이야기하곤 한다. 숲이라는 공간을 서로 공유하고 있지만 다람쥐는 땅과 바위 등의 나무 아래 낮은 부분에서 생활하고 청설모는 주로 나무 위에서 서식하며 충돌 없이 공존하고 있다. 문래동의 철재상가와 금속가공 공장들은 특성상 무거운 재료들을 다루고 있다. 그래서 문래동의 공장들은 모두 1층에 위치하고 있다. 반면 예술가들의 작업실은 공장건물의 2층과 3층에 위치해 있다. 그렇게 문래동의 공간들은 숲속의 다람쥐와 청설모처럼 공간을 수직으로 분할하여 사용하고 있다. 주요한 활동시간대도 서로 어느 정도 어긋나 있다. 공장들은 오전 일찍 시작하여 오후 5시와 6시 사이에 하루의 일과를 마무리한다. 반면 작가들은 오후가 지나서야 작업활동을 시작하고 밤 늦은 시간까지 작업실에서 작업을 이어나간다.

그러다 보니 공장의 근무자들과 마주치거나 충돌이 생길 여지가 많지 않다. 그런데 이러한 공존의 방식에 최근 몇 년 동안 급속하게 균열이 생기기 시작하였고 그 원인을 별로 중요하지 않은 두 가지와 주요한 한 가지 원인으로 생각해볼 수 있다. 하나는 문화환경의 차이이다. 주로 예술계열의 학교를 다니면서 자유분방하고 개인주의 성향이 강한 예술가들과 근면 성실의 정신과 농경사회에서 유래한 공동체

의식, 가족중심의 가치를 중요하게 생각하는 공장 사장님들과 종사자들 간의 격차이다. 이러한 격차를 심하게 느끼는 쪽은 문래동의 철재, 금속관련 종사자들이다. 이들이 바라보는 예술가 집단은 게으르고 주변을 보지 못하고 이상한 옷차림과 그리고 사회성과 예의마저 결여된 이들로 보인다. 반면 예술가 집단은 별다른 생각이 없다. 그냥 성실히 일하면서 자신의 분야에서 열심히 일하는 아저씨들로 보인다. 그리고 또 하나는 이들간의 세대 격차이다. 공장분들의 평균 연령은 50십대에서 60대 사이이다. 그리고 예술가 집단의 연령은 주로 30대 정도이다. 적어도 20~30년의 세대 격차는 문래동뿐만 아니라 사회 일반에 관한 것이기도 하다.

앞의 두 가지 영향은 사실 그렇게 큰 문제는 아닐 수도 있다. 현재 발생하고 있는 균열의 중심은 최근에 진행되고 있는 지역의 상업화이다. 공장들이 있던 자리에 술집과 카페가 들어오고 건물주들은 이제 공장보다 상업공간이 들어오기를 바라고 어떤 곳은 아예 공장을 세입자로 받지 않는 곳도 생겨나고 있다. 공장 사람들은 이렇게 지역이 변화하는 원인을 예술가들 때문이라고 생각한다. 그들은 거리와 골목에 들어선 술집과 카페를 예술가들이 운영하고 예술가들이 동네에 사진을 찍으러 다니면서 사람들이 늘어나고 월세는

계속 올라간다고 생각한다. 나는 실제 예술가가 상업공간을 운영하는 사례를 알고 있으며 예술가들이 이러한 상황에 일부 개입되어 있음을 부인하지 못한다. 그리고 많은 부분 오해가 발생하고 있다는 것도 알고 있다. 문래동에서 상업 공간을 운영하는 이들과 문화사업가들은 동네의 분위기를 고려하여 어느 정도 문화와 예술을 표방하는 방식으로 자신의 업소를 소개하거나 그러한 분위기를 연출한다. 그리고

어떤 그림, Digital Print, 180×120cm

동네 공장분들은 힙스터와 예술가들을 구분하지 못한다. 물론 사진을 촬영하러 오는 아웃도어 복장과 카메라로 무장한 뜨내기 관광객들뿐만 아니라 코스튬 플레이어들과 예술가들도 구분하지 못한다. 그러다 보니 힙스터들도 문화와 예술을 표방하는 상업공간의 운영자들도 공장 사람들에게는 다 예술가로 보일 뿐이다. 동네가 이렇게 변하게 된 것은 모두 그러한 사람들이 동네에 많아지면서 일어난 것이라고 생각하고 화살을 예술가들에게 돌려놓는다. 나와 꽤 잘 알고 지내는 공장 사장님도 나에게 "예술가들이 창작은 안 하고 왜 여기 와서 장사를 하느냐?"라고 묻고는 한다. 나는 이렇게 대답한다. "여기 공장 사장님들 중 열에 한두 분은 부업으로 장사하시는 분들 있잖아요? 예술가들 중에도 그런 사람이 있기는 있어요. 한 열에 하나 있을까? 그 정도는 있는 것 같아요."라고.

나의 작업실은 몇 년 전에 건물주가 바뀌면서 월세가 한 번 인상되었다. 그리고 최근 계약기간이 다가오고 또 다시 월세와 보증금까지 인상되었다. 이제 창작자로서 감당할 수 있는 마지막 순간에 도달하였다.

푸념처럼 들릴지 모르는 글의 서두와 문래동의 이야기들을 꺼낸 이유는 단순하다. 나의 창작활동에 위협이 되는 요소들을 찾아보았고 최대한 그것들로부터 창작의 여건들을 지키고 싶은 욕구 때문이다. 그리고 나의 작업은 그러한 생각들과 이야기들로부터 시작된다.

문래동에서 연 두 번의 개인전

Cityscape in Mullae & Soundscape in Mullae (문래 소리풍경)

2012년 문래동을 오고 가며 느껴지는 것들을 사진과 영상으로 이야기해보았다. 당시 문래동은 지금의 모습과는 많은 차이가 있었다. 큰 길가에 상업 시설이 한두 곳 정도 있었고 골목에는 상업공간이 거의 보이지 않았다. 금속 관련 공장들만이 거리와 골목을 지키고 있었고 일과 시간 이후에는 공장의 내려진 셔터들과 가로등만 켜져 있는 동네였다. 한낮의 활기찬 공장과 일하는 사람들의 분주한 일상이 보이고 저녁이면 작가들의 작업실에만 불이 켜져 있는, 낮에는 일하고 밤에는 창작이 이루어지는 동네였다. 가끔 예술가들이 삼삼오오 모여 이야기를 나누고 거리를 지나가는 사람들도 서로 알고 지내는 이웃의 예술가들이였다.

당시만 해도 젠트리피케이션은 다리 건너 홍대나 신촌 지역의 이야기일 것만 같았다. 홍대에서 한강을 건너야 하는 지역의 물리적 경계는 그로부터 문래동을 굳건하게 지켜줄 것만 같았다. 제조업이 불황이라고 하지만 문래동의 공장들은 휴일 이외에 쉬는 날도 없이 돌아갔고 거리를 오가는 트럭들과 일하는 사람들로 분주했다. 문래동의 공장들은 예술가들을 지켜주는 수호신 같은 존재들이었다. 공장들이 문래동 건물의 1층을 차지하고 굳건하게 자리를 지키고 있는 한 2층과 3층의 예술가들은 작업실을 유지하며 작업을 이어나갈 수 있었다.

그런데 나는 자주 어떤 그림들이 머릿속에 떠오르곤 했다. 지금 생각해보면 그때에도 나는 불안했었나보다. 골목과 거리에 상점과 술집, 그리고 커피를 파는 카페들이 들어서 있는 그림들이 그려졌다. 그리고 〈Cityscape in Mullae〉라는 개인전을 준비하게 되었다.

 하루 일과가 끝나고 내려진 문래동 공장의 셔터 위로 도심 번화가 상점들의 이미지를 프로젝터로 투사하고 그것들

을 다시 사진으로 기록하였다. 이것은 충돌의 상상이다. 생산과 소비의 충돌, 도심 번화가와 공장지대의 이미지가 문래동 공장의 셔터 위에서 충돌한다. 이렇게 만들어진 이미지는 불안한 미래에 대한, 또는 장미빛 미래에 대한 어떤 그림이 된다. 공장 사장님들과 예술가들, 그리고 건물주들은 서로 다른 어떤 미래를 보고 있다.

〈문래 소리풍경〉이라는 개인전은 2012년의 전시에서부

어떤 경험, 5분, 단채널 비디오 영상

터 출발했다. 〈어떤 그림〉 시리즈와 영상 작업들은 시각적 이미지와 시각적 상상으로 제작된 이미지들이다. 전시 준비 마지막 무렵에 제작된 〈어떤 경험〉이라는 작품을 통하여 나는 시각 이외의 다른 감각에 주목하기 시작했다. 문래동의 도로변에 카메라를 세워놓고 기다란 공장건물을 배경으로 자동차들이 지나가는 도로를 촬영했다. 30초의 장노

Soundscape in Mullae, 사운드미디어+설치, 복합재료,
22m×3m×3m

출 사진을 같은 자리에서 몇백 장을 촬영하는 단순한 작업이었고 그렇게 같은 곳을 집중적으로 바라보며 같은 동작이 지속되는 동안 시각이 둔감해지는 동시에 몸의 다른 감각이 살아나는 경험을 느꼈다. 도로를 울리는 자동차의 엔진음과 아스팔트의 진동, 머리칼과 볼을 스치며 지나가는 잔잔한 바람결 등등 새롭게 느껴지며 몸 속에 숨어 있던 청각과

촉각이 예민하게 살아나오는 경험이었다. 2012년의 전시는 〈Cityscape in Mullae〉라는 제목이 말해주듯 다분히 시각적 경험과 시각적 정보들로 조합된 이미지로 구성된 전시였고 나는 세상을 눈으로 바라보고 있었음을 생각해보는 계기가 되었다. 그 경험은 〈문래 소리풍경〉이라는 전시를 사운드와 시각적 이미지들의 조합으로 구성했다.

〈문래 소리풍경〉은 평소에 익숙하게 들어왔던 공장의 소리들을 모티브로 구상했고 소리들을 시각적인 형태와 함께 조합하여 보고 들을 수 있는 설치 작업으로 표현했다. 주변에서 흔하게 사용되는 조립식 철재 앵글로 문래철재상가를 스케일대로 축소한 형태로 만들었고 거기에 일반스피커를 개조한 진동스피커를 사용하여 10개의 각기 다른 공장의 사운드가 나오도록 철재 구조물에 장착했다. 문래철재상가는 문래동의 공장건물들 중에서도 가장 크고 대형 차량의 왕래가 자주 있는 곳이다. 나의 작업실 바로 앞에 위치한 건물이고 외부에서 혹은 작업실에서 나갈 때 항상 마주하게 되는 익숙한 건물이다. 이 건물의 외형을 본따 전체 길이가 약 22m에 이르고 높이가 3.5m에 이르는 대형 사운드 설치물을 만든 것이다. 공장에서 나오는 금속성의 소리들을 건물모형의 금속을 진동시켜 다시 재생하는 것인데 금속을 두드리고 갈아내는 소리는 문래동이 살아 있고 생기 넘치는 노동의 현장이라는 강력한 증거이다.

건물 형태의 구조물을 따라 걸어가는 동안 각기 다른 공장의 소리와 쇳소리들이 들려온다. 10개의 진동스피커는 열심히 쇠를 진동시키고 울리게 하여 커다란 금속구조가 여러 가지 소리를 온몸으로 여기 저기에서 울려 퍼지게 하는 대형스피커로 바꾸어놓는다.

조립식 철재 앵글이 수직과 수평으로 복잡하게 만나고 이어지고 볼트와 너트로 결합되어 있다. 최대한 안정적인 형태와 구조로 세워져 있지만 조립식 앵글이라는 것이 아무리 볼트를 빡빡하게 조이고 보강을 해도 한쪽을 잡고 강하게 흔들면 전체가 울렁거리며 흔들린다. 그리고 언제든 해체될 수 있기에 그 소리들도 사실 불안하고 불완전하다는 것을 동시에 보여준다.

재개발 이야기가 나온 지가 꽤 되었고 지금은 도시재생이라는 새로운 버전의 개발사업이 진행되고 있다. 문래동의 도시재생사업은 경제기반형 사업으로 제조업인 문래동의 금속가공 공장들에 활력을 불어 넣어주고 생산력 증대와 수익률을 높여줄 수 있도록 진행된다고 한다. 재생이라는 의미가 죽은 것을 다시 살려내는 것이라면 죽었다고 하는 것의 주어는 문래동의 공장들이다. 문래동의 지난 과거는 정부의 정책에 따라 이리저리 움직여 왔었다. 어떤 판이 깔리느냐에 따라 이리저리 움직일 수 있다.

문래동에서 마지막이 될지도 모를 전시

야생쓰레기구조 프로젝트 (WRR PROJECT)

어느 날 작업실 앞의 문래철재상가 건물의 1층에서 공장이 아닌 다른 무엇인가를 준비하기 위하여 내부 공사를 진행하고 있었다. 주변 사장님들의 이야기로는 건축설계사무실이 생긴다고 했다. 그리고 어느 날 공사가 마무리 되고 나자 그곳은 술집이 되어 있었다. 이 사건이 굉장히 의미 있는 이유는 철재상가 자체가 문래동의 상징적인 건물이고 1층에 자리잡은 공장들은 주로 금속 원자재나 원자재 가공공장들이다. 커다랗고 두꺼운 철판이 건물에 가득하고 육중한 호이스트가 거대한 진동음을 내며 그것들을 들어올리고 내리고 한다. 공장의 규모도 문래동의 어떤 공장들보다 크고 높다.

문래동의 심장 같은 이곳의 1층에 술집이 들어왔다는 사실 자체가 나에게는 굉장히 충격적이었고 동네의 상업화와 젠트리피케이션을 방어해주고 있는 보호막 같은 철재상가의 1층이 뚫려버렸다는 사실에 놀라지 않을 수 없었다. 그곳이 들어오고 나서 처음 1년 정도 주변의 작가들과 크고 작은 문제들이 있었다. 영업을 시작하는 오후부터 새벽까지 유흥객들의 떠드는 소리와 비트 강한 음악 소리가 한적하고 조용한 작가들의 작업을 방해하기 시작한 것이다. 들은 바에 의하면, 어떤 작가가 방문하여 야간에 음악 소리가 너무 크니 양해를 바란다는 취지의 이야기를 하였지만 그들은 이렇게 영업하기 위해서 문래동에 온 것이라는 대답을 할 뿐이었다. 꽤 오랜 기간 동안 주변 작가들의 신고와 민원이 있었다. 1층 공장과 2층 작업실이라는 구도가 흔들렸고 주변의 월세와 부동산이 요동치기 시작했다. 어떤 곳은 최근 건물주가 바뀌면서 기존의 세입자인 공장들을 내보내고 의도적으로 술집이나 상업시설을 들이기 위해 공간을 비워두고 있다. 물론 이러한 현상은 나의 작업실 임대료에도 영향을 미치고 있으며 주변의 공장들과 작업실에도 영향이 전해지고 있다. 임대료 인상에 관한 이야기들이 주변 사장님들을 통하여 들려오고 있다.

〈야생쓰레기구조 프로젝트〉는 쓰레기를 통한 지역성의 연구이고 쓰레기를 통하여 변화해가는 문래동의 풍경을 관찰하는 작업이다. 나는 이 작업을 위하여 기존의 일반적인 쓰레기 분류 방식인 음식쓰레기, 일반쓰레기, 재활용쓰레기 등을 대신하여 '눈에 잘 보이는 쓰레기'와 '잘 보이지 않는 쓰레기'라는 시각적 특성에 따른 분류 체계를 사용하였다. 그리고 이렇게 분류된 쓰레기들은 지역의 상업화와 젠트리피케이션에 따라 각기 다른 증감 현상을 보여준다. 가시적 쓰레기는 증가하고 비가시적 쓰레기들은 감소하는 현상을 관찰하며 이러한 현상들의 원인을 분석해보았다.

가시적 쓰레기의 증가는 쉽게 생각되듯이 지역의 유흥과 투어 현상이 빈번해지면서 외부인의 증가에 따른 현상이다. 그리고 가시적 쓰레기는 주로 가벼워서 유기나 투기가 비교적 용이한 쓰레기들이다. 테이크 아웃 종이컵이 대표적인 것들이고 담배꽁초 등도 대표적 사례 중 하나이다. 이에 반하여 비가시적 쓰레기들은 감소한다. 이들은 주로 건물의 옥상이나 건물의 외진 곳에 자리를 잡고 있는 쓰레기들이다. 그래서 일반적인 동선에서 보이지 않는 경향이 있고 유기나 투기 이후 다시 처리되거나 청소되는 싸이클이 비교적 길다. 보통 짧게는 2~3년에서 길게는 10년 정도의 사이클을 가지는 것이 일반적이다.

비가시적 쓰레기들의 감소 현상이 흥미로운 것은 상업화와 젠트리피케이션이 진행될수록 감소한다는 특징 때문이

구조대기 중인 야생쓰레기구조 로봇

다. 이러한 주요 원인은 건물의 매매와 임대 현상에서 찾아볼 수 있다. 부동산 시세가 변화하면서 건물의 가치를 높이기 위해 건물주들이 건물에 투자하는 것이다. 건물을 수리하거나 옥상에 방치되어 있던 쓰레기들을 치워서 건물이 최대한 가치 있어 보이도록 노력하는 것이다. 그리고 상업시설을 운영하는 임차인은 사업을 위하여 건물을 리모델링하고 주변의 환경을 정비하면서 비가시적 쓰레기들을 처리한다. 지난 10년 간의 위성사진을 분석해보면 현재 많은 옥상의 쓰레기들이 사라지거나 처리된 것을 확인할 수 있다.

눈에 잘 보이지 않던 곳에 방치된 쓰레기들을 나는 '야생쓰레기'라고 지칭한다. 현재 문래동의 변화에 따라 이들은 '멸종' 위기에 처해 있다. 이미 많은 옥상 위의 야생쓰레기들이 처리되거나 사라져버렸고 이들의 서식지가 급격하게 위협을 받고 있는 상황이다. 야생쓰레기나 공장의 운영자들이나 예술가들도 서로 모두 동일한 위험에 처해 있기는 마찬가지이다.

나는 이 시점에서 〈야생쓰레기구조 프로젝트〉라는 예술적 개입과 발언을 시작하였다. 이들이 사라지거나 멸종되기 전에 구조하거나 치료하여 멸종을 막아야 한다. 야생쓰레기의 구조에는 많은 비용과 시간과 노력이 투여되어야 한다. 문래동의 야생쓰레기의 서식을 확인하고 면밀하게 구조 계획을 수립하여 진행해야 한다. 1년 동안 제작된 '구조로봇'이 현재 구조작업 중이고 모든 과정이 영상과 사진으로 기록되고 있다. 작업은 굉장히 과학적이고 기술적인 장비를 사용하여 비효율적이고 비합리적으로 진행된다. 전시에서 다큐 형식의 영상과 사진, 그리고 구조된 야생쓰레기들을 볼 수 있도록 계획하고 있다.

내가 이 작업을 문래동에서의 마지막 작업이 될지도 모른다고 한 이유는 작업실의 임대료가 이미 감당하기 어려운 지경이 되었고 더 이상 임대료가 오르게 된다면 이곳을 떠나야 할지 모르기 때문이다.

송호철 개인전 〈Dialectic image〉, 〈Cityscape in Mullae〉, 〈Soundscape in Mullae〉, 〈야생쓰레기구조 프로젝트〉 외 다양한 매체를 통한 실험적인 프로젝트를 진행하고 있다.

모든 것은 이어져 있다

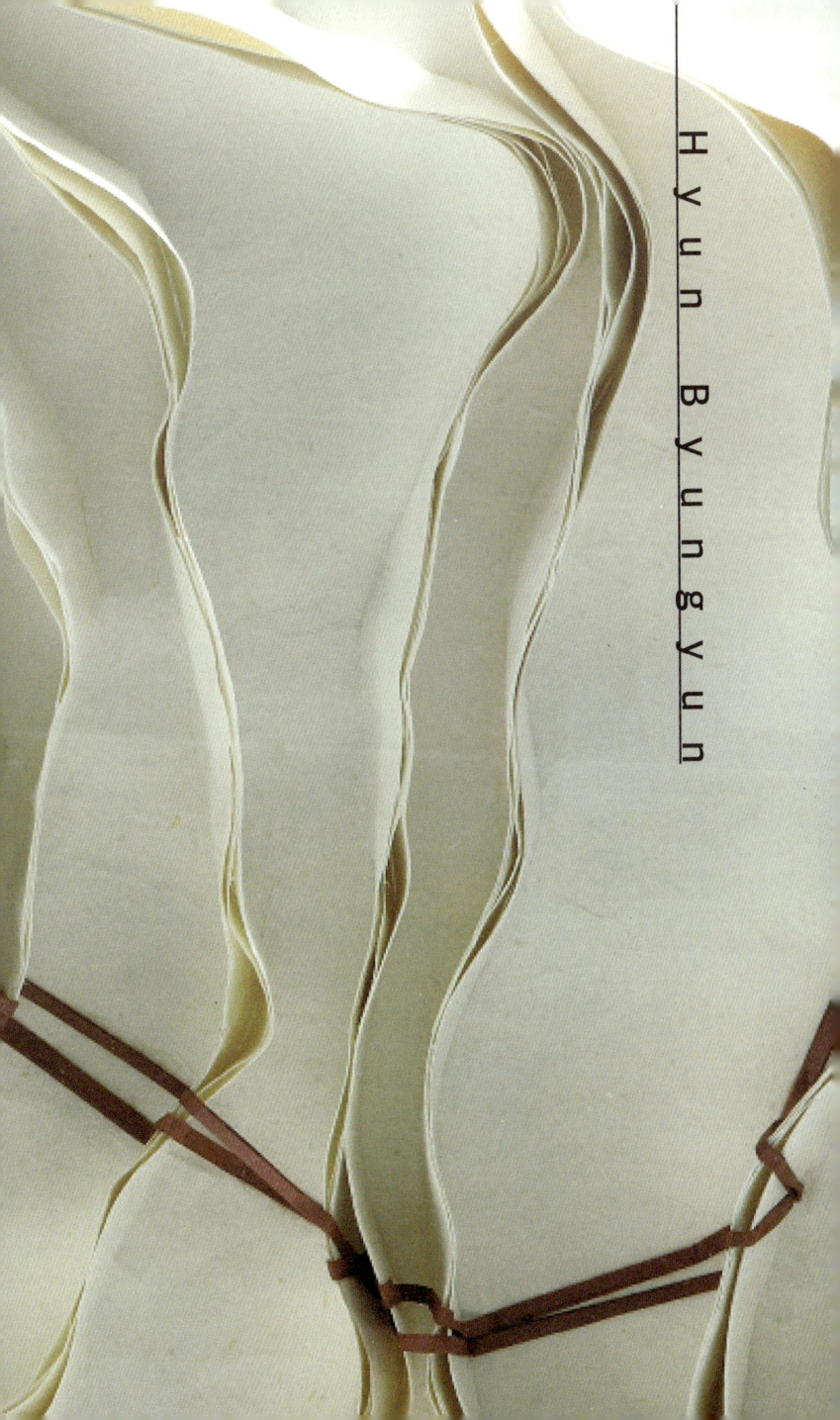

'緣' — 이어지다(連)

현병연

Calling (소명 : Vocation)

예전 윤리 시간에 종교개혁자인 루터와 칼뱅에 관해서 공부한 적이 있다. 그 중 칼뱅의 직업에 대한 사상인 '소명의식'은 상당히 인상적이었다. 직업은 각 사람이 신으로부터 신의 영광을 실천하는 수단으로 부여받은 것이라는 점. 사실, 그 사상에 공감했다기보다는 직업이라는 것이 단순히 각자의 능력이나 취향에 의해서 선택하는 것이 아닌 주어진 것, 혹은 맡겨진 '사명'에 가깝다는 의미로 다가와 신선한 충격을 받았던 것 같다. 그 이전까지 무엇이 되고 싶은지, 어떤 일을 하고 싶은가에 관한 고민들을 했었다면, 그때 처음으로 이런 가능성에 관해 생각해보게 되었다.

'과연, 나에게는 신이 허락한 소명이 있을까? 만약 있다면 그것은 무엇일까?'

그 막연한 질문에 대한 답은 그로부터 10년 후 작업을 하던 중 갑작스레 찾아왔다. 지금도 그날의 일이 어제의 일처럼 선명하다. 그것은 마치 명예로운 기사에게 왕이 하사하는 검을, 감격의 울렁임을 갈무리하며 한쪽 무릎을 꿇은 채 두 손을 들어 경건한 마음으로 받아 들며 사명감의 무게를 온몸과 마음으로 느끼는 생에 단 한 번 허락된 '신성한 의식'과도 같았다. 나 자신이 고민 끝에 선택했다고 생각했던 그 길이 사실은 나에게 '주어진 사명'이라는 것이 가슴 깊이 새겨지는 순간이었다.

Journey (Exploring Inside)

다른 사람들의 생각이 궁금했다. 나와 비슷한 점들은 무엇이고 다른 점들은 무엇인지 알고 싶었다. 불가사의한 것들로 가득한 이 세상에 대해 알고 싶었다. 좀 더 많이, 좀 더 깊게……. 나를 둘러싸고 있는 '세계'에 관한 끊임없는 관심은 첫 작업을 앞둔 나를 내면의 세계로 이끌었고, 그것이 시작이었다.

제대로 '나' 바라보기

1) 자신에게 초 밀착되어 있는 '자아' 객관화하기
2) 얽혀 있는 생각과 감정 들여다보기
3) 진정으로 바라고 추구하는 것 찾아보기
4) 자신을 진심으로 사랑하기
5) 세상과의 연결고리 찾기

안에서부터 밖으로 확장되는 것이 세계의 '시작'이다. 하지만 그 어느 시점에서는 다시 역방향의 이해도 경험할 수 있다. 자신에 관한 이해가 깊어질수록 세상에 대한 이해가 넓어지고, 세상에 관한 깊이가 더해질수록 자신에 대한 이해의 폭이 넓어진다. 그렇게 나아가고 돌아오기를 끊임없이 반복하면서 우리는 성숙해지는 것이겠지.

순수한 영혼(innocent spirit), 고독한 영혼(lonely spirit), 방황하는 영혼(wandering spirit), 긍정적인 마음(positive mind), 그리고 희망(the hope).

생각과 감정이 언어로 표현되는 순간 그 의미에 한계가 생기는 것은 피할 수 없다. 그럼에도 우리 안에 내재하여 있는 속성을 다섯 가지의 다소 추상적인 단어 안에 가능한 온전히 담아내고 싶었다.

'나'를 들여다보면서 발견하게 되었고, '모두'의 안에 담겨 있으리라 확신하는 특성들. 그 가치의 극단에 서 있는 경우는 흔치 않지만, 누구든 그런 가치의 어느 지점인가를 서성이고 넘나들면서 살아가고 있다는 생각을 했다. 한 사람도 소외시키지 않고, 이해해보고 느껴보고 싶다는 간절한 마음을 담아 만든 작품들이다. 그래서 그 다섯의 영혼들은 애틋한 나 자신이면서, 사랑스러운 '누구나'의 모습이기도 하다.

순수한 영혼 (Innocent Spirit)

인간은 나이를 먹고, 희로애락의 세월이 길어지면서 경험치가 늘어나면 그에 정비례해서 서서히 성장해가고 진보해가는 존재인가. 1년이 지나면 그만큼 정직하게 성숙해지고, 과거의 미숙함이나 가치들은 새로운 것들로 교체되는 것일까.

어린 시절부터 주변을 관찰하는 것은 일종의 습관처럼 삶의 자연스러운 일부였다. 하늘을 바라보며 색과 구름의 모양과 빛의 변화를 느끼는 것이 좋았다. 길가에 피어난 식물들, 눈앞에서 아른거리는 곤충들, 떠다니는 홀씨들……

그 중에서 특히 나는 개의 얼굴을 관찰하는 것을 좋아했

다. 주로 듬직하고 큰 개들을 좋아했는데, 나는 그 녀석들의 끙끙이 없는 순수한 눈망울이 좋았다. 삐죽 뭉툭하게 튀어나온 주둥이, 그 끝을 둥그스름하게 감싸는 듯한 코와 그로부터 웃는 듯 아닌 듯 누운 시옷처럼 양쪽으로 길쭉하게 갈라진 입도 좋았다. 무엇인가 궁금하다는 듯 가끔씩 모로 고개를 갸웃할 때는 너무 사랑스럽다.

그러다 가끔씩 어디를 보는지 알 수 없는 먼 곳을 아련하게 바라보고 있는 눈을 할 때가 있다. 그런 눈을 마주할 때면 도저히 그 모습에서 눈이 떨어지지 않았다. 우수에 찬 듯한, 왠지 모르게 슬퍼 보이는, 이곳에 존재하지 않는 그 어떤 것을 바라보는 듯한 눈. 내 멋대로 가져다가 붙인 이미지일 수도 있겠다. 하지만, 그런 개의 눈은 가슴 한편에 아릿한 향수를 불러일으키고 뭉근한 통증을 일으킨다. 하지만 슬픔을 닮은 감정인데도 싫지가 않다. 그 느낌이 날카롭거나 차가운 것이 아니라 아련한 온기를 담고 있기 때문이다. 서서히 퍼져가는 따사로움에 시선을 돌릴 수가 없다.

길을 지나가다 눈길을 끄는 건물을 보는 것도 좋아한다. 오래된 돌담이나 벽돌을 타고 올라가는 담쟁이가 자라난 궤적을 눈으로 따라가는 것이 즐겁다. 붉은 벽돌과 보색의 대비를 튀지 않게 연출해내는 절묘한 조화도 눈을 즐겁게 한다.

하지만 그런 모든 것들에 관한 관심의 궁극은 인간에 관한 관심이었다는 것을 알게 되었다. 본질적으로는 나 자신에 대한 관심이다. 존재하는 것 자체가 기적이다. 어떻게 이런 일이 있을 수 있을까. 질문을 던져도 공중에서 흩어져버릴 것 같은 신비로운 현상, 내가, 그리고 다른 생명체들이 실체를 가지고 이 세상에 존재하고 있다는 사실.

너무나도 엄청난 이 현상은 이해의 범주를 아득히 넘어선 것이기에 역설적이지만 '너무나도 당연한 것'의 범주에 쉽게 재편입 되어버린다. '자아'는 모든 것의 근간이 되는 것. 따라서 그 부분이 안정감 없이 흔들린다면 그 위에 아무것도 쌓아 올릴 수 없기에 인간의 무의식이 만들어놓은 일종의 보호장치인 셈이다.

재고의 여지도 없는 너무나도 당연한 전제. '나는 원래부터 존재하고 있었다.' 편리한대로 무의식의 영역에 깊숙이 숨겨두고, 마치 아무 일도 없었다는 듯 무언가에 홀린 것처럼 그 위에 열심히 무엇인가를 쌓아 올리고 있다. 어느 순간, 갑자기 그 본질에 관한 의문이 찾아오고 그것이 흔들리면 와르르 무너져 내릴 불안정하기 그지없는 그런 것들을 말이다.

상대방을 유심히 바라보면 참 많은 모습들이 보인다. 머리를 굴리면서 손익을 따지고 있는 듯한 이해타산적인 모습, 만사가 귀찮다는 듯 심드렁한 표정, 잔뜩 긴장해서 눈앞의 상대의 반응에 일일이 반응하는 소심한 모습. 기쁜데 티를 안 내려고 최대한 억누르면서도 삐쳐 나오는 흥분을 주체하지 못하는 모습……. 그런 모습들은 아마도 누구나 보여주는 지극히 자연스러운 외부와의 소통에 의해 비롯된 반응일 것이다.

그러다 문득 찾아오는 매우 특별한 순간들이 있다. 상대는 분명 내가 잘 알고 있는 사람이다. 따라서 그 사람의 사소한 표정도 잘 읽을 수 있다고 자신한다. 그런 내가 둔중한 무엇인가로 뒤통수를 맞은 것 같이 멍해지는 때가 있다.

그 사람이 문득 미소 짓는다. 그런데 수도 없이 봐왔던 얼굴에 번지는 그 미소가 너무 낯설다. 불과 몇 초에 불과한 시간이다. 그 순간 떠오른 것은 티끌 하나 없는 어린아이와도 같은, 혹은 시간을 끝도 없이 거슬러 올라가야만 다다를 수 있는, 태곳적부터 간직해온 모습인 듯도 하다.

그것을 무엇이라고 불러야 할까. 굳이 이름을 붙이자면, 인간의 내면 깊숙이 간직되어 있는 본질 중 하나인 '순수'라고 부르고 싶다. 무의식의 저편에 가라앉아 있다가 무엇인가 불가사의한 힘에 의해 역시나 알 수 없는 조건들이 맞아 떨어질 때에만 문득 나타났다가 사라지는 모습. 그 느낌은 참 따스하고, 한없이 차분하고, 그래서 모나고 상처 난 마음을 포근히 감싸준다.

다른 이에게서 발견한 그 숭고한 따스함이 더욱 벅차게 느껴지는 이유는 아마도 내 눈으로는 절대 볼 수 없지만 내 안에도 분명히 존재하고 있을 나 자신의 한 부분이기 때문일 것이다. 나를 바라봐주는 누군가의 눈에도 스쳐 지나갈 아름다운 이름 '순수'. 그래서, 나에게 '순수한 영혼'은 위로이자 치유이다.

고독한 영혼 (Lonely Spirit)

사람에게는 가끔씩 세상으로부터 자신을 분리시키고 혼자만의 시간을 갖고 싶어하는 마음이 본능처럼 존재한다. 우리는 흔히 자기 자신의 모습임에도 잘 이해가 안 되거나 낯설거나 당황스러운 모습과 마주하게 될 때 '본능'이라고 치부해버린다.

인간이 만들어놓은 문화와 복잡한 규율들 속에서 소위 고등교육을 받은 사람들에게 '본능'은 미개한 것 혹은 극복해야 할 대상으로 인식되는 경우가 많다. 그런 맥락에서 혼자 있기를 좋아하는 사람은 사회성이 부족한 사람이나 심한 경

우에는 정서에 장애가 있는 사람으로 치부되기도 한다.

하지만, 정말 그런 걸까. 언젠가부터 다수의 사람들 사이에서 당연시 되는 생각들은 '상식'이 되어버렸다. 그러다 문득 자신에게 질문을 던져본다. 나는 진정으로 마음으로부터 그런 생각에 공감하고 있는가. 마음의 소리에 귀를 기울이니 답은 너무나도 분명했다.

'아니.'

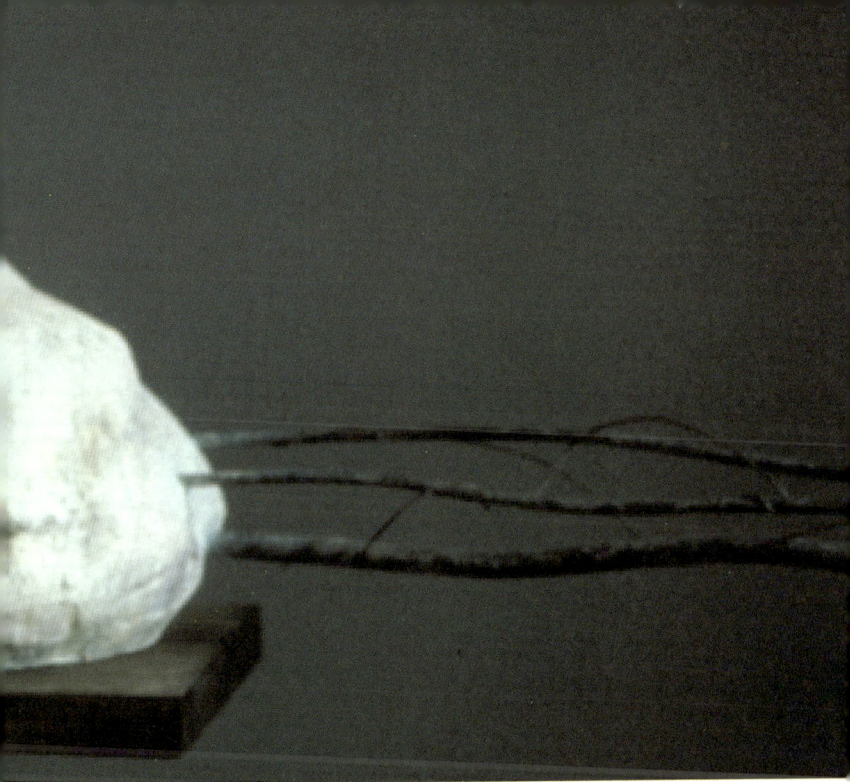

Lonely Spirit

　나 자신을 포함해서 인간이 때때로 고립을 갈망하는 이유는 무엇일까. 오랜 시간 동안 나 자신을 관찰하고 많은 사람들을 보면서 내린 결론은 '다른 사람들과 함께 살아가기 위해서'이다. 모순처럼 들릴 수도 있겠다. 당연한 말이지만, 한 인간은 독립적인 개체이면서 동시에 커다란 공동체의 한 부분을 담당하는 유기체이다. 두 가지 속성 모두를 인정해야 그 사람의 존재를 온전히 받아들이는 것이다. 우리는 태어나는 그 순간부터 가족이라는 공동체에 자동으로 소속이 되고, 더 나아가 크기나 유대감의 성격과 정도를 달리하는 다양한 공동체에 속하게 된다. 당연한 듯 그 안에서 살아가고 있고, 수시로 잘 적응할 것을 강요당한다.

  아직, 새롭게 주어지는 것들을 받아들이기도 숨가쁜 유년기를 지나 성장해가면서 자아가 정립이 되어가면 자연스럽게 따라오는 것 중 하나가 '고독'에 대한 갈망이다. 무리 속에 있으면 안전하다. 도움이나 이해를 받을 수도 있고, 살아가는 데 필요한 것들을 제공받는다. 가족이나 친구를 비롯한 친밀한 사람들과 나누는 사랑과 유대 관계는 정서적 안정감을 갖게 해준다. 하지만 공동체의 일원으로 살아가는 '나'는 온전한 본연의 모습의 일부일 뿐이다. 엄연히 '독립적인 하나의 개체'인 자신도 존재하기 때문이다.

  집단에 매몰되어 있다 보면 '진정한 내 모습'이 잘 보이지 않는다. 원인도 모른 채 늘 가슴 한편에 갈증을 느끼면서 살아가는 이유는 아마도 온전한 자신을 알고 싶고 느끼고 싶은 본질적인 갈망에서 비롯된 것이리라. 나에게 연결되어 있는 크고 작은 지지대를 모두 잠시 내려놓고 온전히 홀로 서 있기를 갈망하는 마음. 잠시 세상으로부터 자신을 고립시키고, 주변의 모든 잡음들을 차단하고, 내면의 깊은 곳까지 들여다보고 그곳으로부터 들려오는 소리에 귀 기울이고 싶어지는 간절한 마음.

인간이 원래부터 가지고 있는 근본의 한 자락이 '고독'이라고 생각한다. 고독의 끝은 과연 어디일까. 세상과의 영원한 분리나 단절일까. 일반적으로 사람들이 느끼는 '고독'이라는 단어는 부정적인 느낌이 지배적이지만, 그 또한 공동체가 만들어낸 가치관이 초래한 편견이다. 인간이 고독한 시간을 꿈꾸는 것은 다시 사람들 속으로 돌아오기 위해서일 것이다. 보다 온전하고 견고한 더 나은 모습으로 말이다. 그래서 고독한 모습 또한 아름답다.

방황하는 영혼 (Wandering Spirit)

가을 바람에 억새풀이 흔들린다. 바람의 방향을 따라 난 결이 만들어내는 부드러운 곡선이 아름답다. 바람의 방향이 바뀌면 원래 그랬던 것처럼 그 방향에 맞춰서 흔들린다. 애초에 바람의 방향은 수시로 바뀌기에 정방향, 역방향의 구분이 없다. 그러다 바람이 멈추면 언제 그랬냐는 듯 움직임을 멈춘다. 그 모든 모습들이 자연스럽다.

우리도 흔들린다. 하루에도 수십 번 왔다 갔다 갈피를 잡지 못하는 시간 속에서 불안을 느끼고, 답답해하고, 자주 절

망한다. 그러나 그런 '방황'의 시간이야말로 내가 한 생명체로서 온전히 살아 있다는 그 무엇보다 분명한 증거이다. 살아 있음은 끊임없는 움직임을 뜻하고, 영혼의 움직임은 '방황'이다. 위태로워 보이기도 애처로워 보이기도 하는 그 순간은 아마도 자신에게 가장 집중할 수 있고 솔직해질 수 있는 시간일 것이다.

 자꾸만 한쪽으로 기우는 자신을 느끼며, 넘어질까 눈을

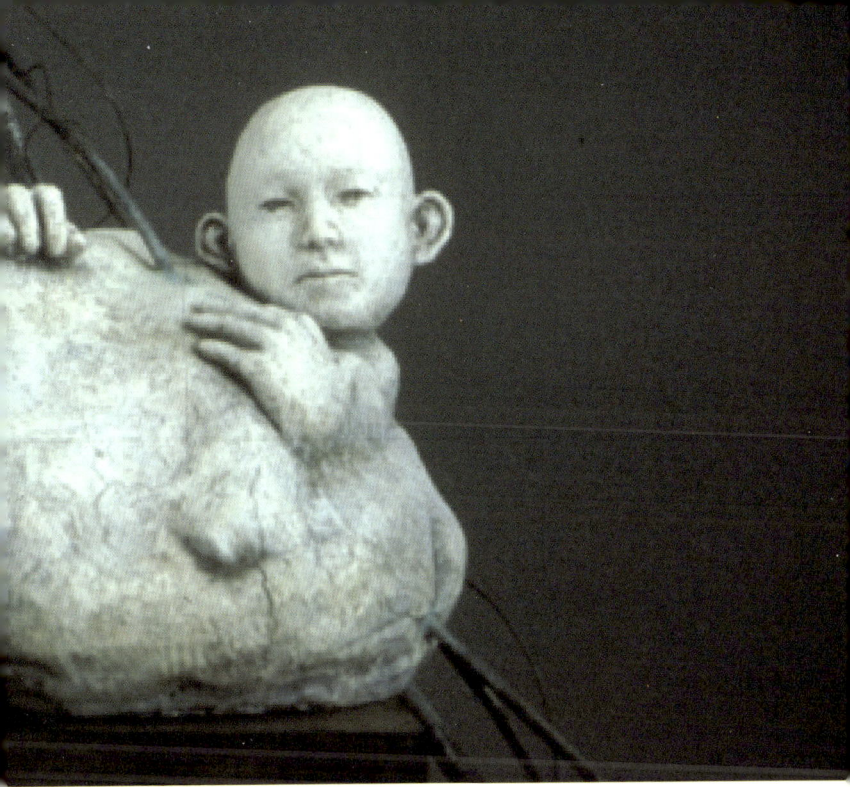

Wandering Spirit

떼지 못한다. 소란스럽고 유혹이 많은 바깥세상으로부터 눈을 돌려 온전히 내면에 집중하는 시간이다. 진정한 사랑의 시작은 상대를 제대로 바라보는 것. 연약하고 불안정해보이는 대상에 시선을 빼앗기는 본능과도 같은 마음은 '방황하는 영혼'이 그 불안정한 움직임을 멈출 때까지 보호하듯 지켜본다. 온 마음을 집중해서 자신을 온전히 사랑하는 법을 배울 수 있는 축복의 시간이다.

긍정적인 마음 (Positive Mind)

매우 귀한 마음이다. 본성을 거스르는 마음이라고도 할 수도 있겠다. 의식적으로 노력하지 않으면 인간의 사고는 자연스럽게 부정적인 방향으로 흐르는 경향이 있다. '긍정'은 '그래서'가 아닌, '그럼에도'에서 비롯된 꿋꿋한 마음이다.

간혹 그런 모습을 접할 때면 기분이 좋아진다. 올곧고 대견한 모습. 그래서 아낌없이 격려해주고 싶은 마음이 일게 한다. '긍정적인 마음'은 그런 것이다. 영혼을 세워주는 지지대 같은 마음이다.

희망 (The Hope)

순수, 고독, 방황을 받쳐주는 마음이 '긍정'이라면, 그 모든 본질적인 속성들이 제대로 조화를 이루었을 때 궁극적으로 생겨나는 마음. 거기에 '희망'이라는 이름을 붙여주고 싶다. 나를 비롯한 모두의 가슴속에 피어 있기를 바라는 간절함을 담아…….

작품 안에 담긴 내 모습이 나를 위로한다

"작가는 작품을 손에서 놓으면 안 된다? 아무런 생각이 나지 않아도 어찌 되었든 규칙적으로 작업실에 앉아서 뭐라도 해야 하는가?"

그렇게 할 수 없었던 긴 시간 동안 끊임없이 갈등하게 했던 말이다.

긴 공백기도 가져보고, 생각이 나지 않음에도 꾸준히 엉덩이 붙이고 앉아도 있어보니 어느 부분은 맞지만 어느 부분은 그렇지 않다는 것을 알게 되었다. 오랜 시간 손을 놓으면 테크닉을 요구하는 쪽의 감각은 확실히 떨어진다. 하지만 마음이 담긴 작품의 탄생 여부는 좀 다른 문제라는 것을 알았다.

참신하고 기발한 아이디어를 내기 위해 골몰하다보면 자신도 모르게 범하게 되는 오류가 있다. 작품의 외적 완성도에 자기도 모르게 몰두한다는 것이다. 초창기에 몇 년간이나 고민했을 만큼 '완성도'는 중요하다. 하지만 알맹이가 부실한 훌륭한 외형에는 '깊이'가 결여되기 마련이다.

그것을 작가 자신도 알고 있기에 그 부분이 부족하다고 느껴질 때, 작업을 하면서 이야기를 더해가고, 설명을 덧붙이고, 의미를 덧붙이기도 한다. 한마디로 말이 많아진다. 어찌 보면 불안을 감추기 위한 노력이다. 그러나 애초에 마음으로 담아내지 못한 것은 도중이나 나중에 채워질 수 없는 것 같다. 그저 조금 더 그럴듯한 옷을 입히는 것일 뿐.

나에게 '특별한 의미'로 다가온 작품은 가슴으로 한 작업들이다. 마음을 쏟아 아픔과 고통과 환희의 감정이 마디마디에 엮여 있는 작품들. 간절함이 손을 통해 재료로 전해지고, 안배된 형태와 색에 안착한다. '담을 것'이 있어야 무엇인가가 담기는 것은 당연한 일이다. 그럼에도 자주 잊는다. 그래서 끊임없이 기억하고 돌아와야 하는 곳. 작가로서의 시작이자 마지막이다.

세계를 넓히다

작품은 '내 삶의 궤적'이다. 나의 생각이나 삶의 과정이 두려울 만큼 정직하게 작품에 담긴다. 분리해서 생각하는 것 자체가 불가능한 하나의 유기체다.

다윈의 진화론은 공감이 가지 않지만, 한 인간의 삶을 들여다보면 세월에 따라 끊임없이 변해가는 과정을 너무나도 뚜렷하게 볼 수 있다. 감도 잡을 수 없이 긴 시간 동안 일어나고 있다고 주장하는 '그 진화'는 몰라도 몇십 년을 사는 동안 보여주는 한 인간의 변화는 매우 뚜렷하고 생동감 있으며 때로는 감동적이기까지 하다.

우리가 한 인간의 삶에서 목도할 수 있는 것은 결론이 아니다. 의미 있는 과정만을 따라갈 수 있을 뿐이다. 성장한

만큼 좁아져버린 나의 세계. 그것을 뚫고 새로운 세계를 열어간다. 나의 의지로 열린 세상, 비슷하면서도 매우 다른 또 다른 공간. '부화의 때'에 새로운 세상으로 나온 새는 새로운 환경에서 적응하고 살아가고 성장해갈 수 있는 저력을 가지고 태어난다.

나뭇가지 형태의 가느다란 한 가닥 한 가닥은 내 스스로 만들어낸 노력의 흔적이다. 나만이 만들 수 있는 형태로 만들어진 '나의 세계', 연약한 듯 견고한 그 세계가 '나의 새로운 의지'에 의해 열리고 있다. 몸담고 있던 세계를 부수지 않는다. 더 넓은 것을 품을 수 있게 해준 것이 바로 그 세계니까. '부정'은 아무것도 만들어낼 수 없다. '인정'하고, '받아들이고', 그 기반 위에서 하나씩 더해가는 것이다.

나는 가슴을 가득 채운 나의 의지로 문을 만들었다. 그리고, 열었다. 그 틈으로 밀려들어오는 새로운 세계는 '무의미하고 공허한 무엇'이 아니다. 내가 받아들일, 감당할 수 있는, 마음의 준비를 마쳤기 때문이다.

이어지는 길

'진리'는 하나이되 그곳으로 다다를 수 있는 길은 수천 수만 갈래다. 그 다양한 통로는 '방법'일 수도, '하는 일'일 수

도 있다. 살아가는 길 위에서 지나는 시간과 그 안에서의 경험들, 자연스러운 흐름 안에서 갖게 되는 자신을 향한 혹은 세상을 향한 관심과 감정들……. 그런 것들을 꾸밈없이 솔직하게 작품으로 표현해보고 싶다.

'나 자신을 제대로 바라보고 온전히 사랑하는 것'이 세상을 향한 관심과 사랑으로 이어질 것이라고 믿는다. 어둡고 부정적인 것들을 파헤쳐내는 데 그치는 방식으로 함께할 사람들에게 무겁고 불편한 과제를 안겨주는 대신 그것을 '감싸 안음'이라는 필터로 걸러냄으로써 나의 작품을 보고 함께하는 사람들과 작은 온기와 위로를 나누고 싶다. 그것이 내가 작가로서 바라는 것임과 동시에 나아가야 할 삶의 방향이기도 하다.

작품에 '완벽함'이란 어불성설이다. 하지만 작업에 임하는 그 순간만큼은 온전한 진심을 담아낼 수 있다면 그 하나하나가 내가 걸어가는 의미 있는 인생의 발자취가 되리라 믿는다. 가야 할 곳을 향해 자기답게 걸어가는 모습은 그 자체로 참 아름답다. '나답게'에 대한 고민은 계속 되겠지만, 그것이 흔히 말하는 '스타일' 같은 표면적인 차별화는 아닐 것이다.

아직 확정된 것은 아무것도 없다. 그로 인해 불안해 하던 시간이 길었던 것도 사실이지만, 지금은 그 또한 과정으로 자연스럽게 받아들일 수 있게 되었다. 아니, 그 이상으로 원하는 것을 제약 없이 찾아갈 수 있는 '자유'가 허락된 것에 감사한다.

작가에게 붙을 수 있는 영예로운 칭호에 대한 동경, 세상에 알려야 한다는 강박을 내려놓으니 비로소 작가로서의 삶을 끝까지 걸어갈 수 있겠다는 확신이 생긴다.

현병연 개인전 〈자연을 입고 태어나다〉, 〈Silent Revolution〉 외 다양한 매체를 통한 실험적인 프로젝트를 진행하고 있다. 청주국제공예비엔날레 공모전에서 그랑프리를 수상했다.

바꿀 수 없는 현실

3부

과 바꿀 수 있는

불안-anxiety

An Gyeongjin

One Day

Allegory

-

안경진

날이 밝았다.

구수한 냄새에 잠을 깨야 하건만, 살랑대는 바람이 드나드는 틈에 오른쪽 뒷다리가 간지러워 엉겁결에 눈이 떠졌다.

몸을 뒤틀어 밖을 내다보니 '아뿔싸' 햇볕에 뜨거워진 내 소중한 작품이 말라가고 있었다. 서둘러야 한다. 그나마 내가 있어 축축했던 빈자리에 재빨리 진흙을 담아 넣고 길을 떠나야 한다. 조금이라도 늦장부리면 다시 굴릴 수 없을 만큼 부서져버린다. 아니면 또 어떤 놈이 채갈지도 모를 일이다. 일단 저기 애기똥풀 옆의 흙을 파봐야겠다.

잡초 무성한 곳에 자리 잡을까 싶다가도 오만 놈들이 집적거릴 것을 생각하여 성근 그늘에 자리를 폈더니 이것도 낭패다. 그늘에 자리 잡은 녀석들은 아직도 느긋하게 자고 있는지 인기척이 없다.

애기똥풀은 민들레처럼 억척스럽지 않아 젖은 흙을 쉽게 퍼올릴 수 있다. 진흙을 짊어지고 작품의 구멍 메우기를 세 번. 수고스럽지만 이제 옮겨도 될 만큼 충분한 수분을 머금게 되었다.

작품에 올라 어디 부서진 곳은 없는지 이곳저곳을 살피며 허물어질만한 부분들을 다지고 출발 준비를 마친다. 그리고 온몸에 힘을 주어 작품을 옮기기 시작한다.

다시 어제와 같이 고된 하루가 시작되는구나.

마른 바람이 부는 게 오늘은 어제처럼 질척이진 않겠다.

먼저 자세를 잘 잡아야 한다. 단순히 동그랗게 만든 작품이 아니기 때문에 남들처럼 그냥 굴리다가는 방향이 영 틀어지고 만다. 지난번 작품보다 크기도 클뿐더러 모양도 복잡해져서 뒷다리에 짚을 포인트들을 모두 표시해 두었다. 그리고 손에 실리는 무게도 예전의 두 배는 족히 되지 싶다. 그것을 소화할 만큼 나는 강해져 있다. 처음의 움직임이 중요하다. 약간 기우뚱하는가 싶더니 이내 출발이다. 열 걸음을 뗄 때마다 태양과 바람을 느끼며 방향을 가다듬어야 한다. 만약 각도가 조금만 틀어져도 백 걸음쯤 뒤에는 스무 걸음의 수고를 더할 수 있다. 방향이 어긋나면 초반에 바로잡아야 나중에 고생을 하지 않는다.

내가 향하는 곳에서 갈색 전사 무리들이 기웃거리며 다가온다. 그들은 작지만 냉혈한 사냥꾼들이며 나와 같이 묵묵한 청소부다. 고귀한 죽음을 무덤덤한 시간 속으로 끌어 내리는 능력을 갖고 있다. 떼로 덤비면 당할 재간이 없다. 나는 건재를 과시하듯 커다란 작품을 살짝 들어 올리는 방어 전략을 구사한다. 다행히 녀석들은 나보다 연약한 이들을 찾고 있는지, 지난번처럼 집적거리지 않고 눈빛만 교환하며 지나쳐간다. 눈빛을 거두고 작품을 다시 굴리는, 조금은 멋쩍지만 다행스런 순간이다.

나의 작품은 삶의 목적이자 원동력이며 내가 존재하게 된 유일한 것이다. 나는 이곳에서 태어나 이것을 먹으며 자랐으며, 옷을 세 번 갈아입고 껍질을 부수고 나오기까지 이곳은 나의 세계이자 모든 것이었다. 빛을 처음 본 그날. 무언

가에 홀린 듯이 주린 배를 부여잡고 희미한 냄새를 쫓아가던 외로운 비행은 얼마나 두려웠던가. 비행하는 내내 날개 달린 포식자들은 횡재한 듯 덤벼들어 동료들을 먹어치웠다. 공포는 밀물처럼 찾아들고 썰물처럼 빠져나간다. 어린 시절 만끽했던 풍요를 떠올리게 한 재료 무더기를 발견하고 느낀 환희와 그 위에서 누리는 식사는 얼마나 황홀했던가. 누구보다 멋진 작품을 만들겠다는 의지를 두 번이나 강탈당한

책이 날개-book wings

상실감은 나를 더욱 단단하게 만들었다.

지난번의 실수를 다시는 되풀이 하지 않기 위해 나는 재료 무더기에서 수많은 싸움을 치루며 경쟁자를 제압할 방법을 고루 터득했다. 고갈되어가는 재료는 곧 극심한 경쟁 구도를 자아내었고 더 이상 이곳에서 머무를 수 없음을 깨닫게 되었다. 내가 짊어질 수 있는 최대한 많은 재료를 챙겨 무더기를 떠나왔다.

나는 그저 평화롭게 목적지로 향하고 싶을 뿐인데, 두 차례의 상실은 나를 악바리로 만들어버렸다. 치열한 전장 속에서 누구보다 큰 덩어리를 갖고 길을 떠난 것에 대해 나는 큰 자부심을 느끼고 있다. 덩어리가 작품이 되기까지 지난 시간 동안 얼마나 많은 고초를 겪었던가.

이런 저런 상념과 더불어 몸을 움직이던 찰라 커다란 그림자가 나를 덮쳤다. 순식간에 날아든 새의 습격에 혼비백산 달아났다. 땅을 향해 꽂히는 부리를 피해 달음질한 나는 낭떠러지 아래로 굴러 떨어지다시피 내려왔다. 죽은 채 하며 갈색 자갈에 몸을 숨긴 채 빠끔히 살펴보니 새는 나의 작품과 더불어 오간 데 없이 사라졌다.

작품을 놓쳐버린 자리로 황급히 돌아와보니 '없다'. 없어졌다. 나의 모든 노력과 세상을 훔쳐가는 파렴치한 녀석들. 다행히 놈도 급하게 움직이느라 여기저기 흔적을 남기며 움직였다. 오십 보쯤 쫓은 둔덕 위에서 바라보니 저 멀리 내 작품이 뒤뚱거리며 멀어져 가고 있다. 나는 나의 독특한 작품을 아주 먼 곳에서도 쉽게 알아볼 수 있다. 구르듯 빠르게 내려와 뒤를 쫓았다. 나만큼 덩치 큰 녀석이 천연덕스레 내 작품을 굴리고 있다. 녀석은 두 발이 묶여 있다. 기회는 지금뿐이다. 재빨리 놈의 등 위에 올라타서 껍질 사이에 발을 우겨넣었더니 녀석이 꼼짝을 못한다. 맘만 먹으면 날개를 꺾어 다시는 날지 못하게 만들 수도 있다. 놈은 내가 새에게 잡아먹힌 줄 알았다며 순순히 작품에서 손을 내려놓았다.

그가 떠나고 작품을 둘러보던 나는 움푹 팬 곳을 발견했다. 어느 돌부리나 나뭇가지라도 걸려 떨어져나간 모양이다. 그런데 이건 내가 생각지 못했던 새로운 모습이다. 나는 그저 덧붙임을 통해 작품을 구현해 왔을 뿐, 덜어냄을 통한 형태의 변형은 새로운 시각을 넓혀준다. 게다가 작은 여백은 이동에 큰 불편도 없다. 우연한 계기로 인해 나는 내 작품을 더욱 풍성하게 해줄 요소를 찾았다.

내가 이렇게 형상에 집착하게 된 것은 첫 번째 경단을 굴리다가 발견한 거미의 작품 때문이다. 그는 효율을 따지지 않는 작품을 만들었다. 먹이 잡는 것을 고려하지 않고 조금은 느슨하게, 듬성듬성 지은 거미줄에 새벽이슬이 맺혀 아름답게 빛나는 광경은 거대 종족들이 만든 그 어느 상아탑보다 아름답고 찬란했으며 물과 바람처럼 자연스러운 것이었다. 그러나 거미는 살생의 도구로 자기 능력을 사용하길 거부했기 때문인지, 작품에는 걸려든 먹이도 지은이도 없었다. 그는 작품을 중요시한 나머지 주린 배를 채우지 못해 사라져 갔는지도 모를 일이다.

보통의 다른 녀석들은 머리를 처박고 길을 가느라 위에서 무슨 일이 벌어지는지 알지 못한다. 그러나 나는 길을 가는 내내 위를 바라보기 위해 애쓴다. 그래서 목 뒤에 붙은 등껍질이 다 닳아 없어졌고, 속살이 쓸려 통증을 느낀다. 어째서 그러기 시작했는지는 나도 알 수 없지만, 그럴 때에 종종 재미있는 광경들을 목격하곤 한다.

두 번째 경단을 굴리다가 발견한 제비둥지는 굉장히 독특한 것이었다. 제비는 알을 낳기 전 비바람이 들치지 않는 높은 위치에 진흙과 짚으로 아담하고 안전한 둥지를 짓는다. 그런데 그날 나는 길게 늘어진 제비의 작품을 보았다. 그곳에서 알을 까고 나온 제비새끼는 한 마리뿐이었다. 단 한 마리뿐일지라도 제비새끼는 길쭉한 둥지를 활발히 오르내리며 땅의 모습을 관찰하고 있었다. 아직 솜털도 벗지 못한 새끼 제비의 오르내림은 마치 아름다운 춤과 같았고, 나는 그 모습을 한참 동안 넋 놓고 바라보다가 두 번째 경단을 도둑맞았다.

두 차례의 실패와 매 순간의 삶을 계기로 깨달은 바는 나의 앞에 무엇이 기다리고 있는지 알 수 없다는 것이다. 바로 한 걸음 앞에 어떤 위험이 닥칠지 모르고 예견치 못한 고통과 상실을 경험할지 모른다. 벌써 오늘 오전 동안 한차례의 죽을 고비를 넘겼고 내 모든 것을 잃을 뻔했다. 늘 우리는 고통과 죽음의 경계 속에서 똥을 굴리고 있다. 이런 극한의 상황이라면 조금 더 고되더라도 내가 좋아하는 일, 멋지다고 생각하는 일을 하며 보내는 게 좋지 않을까. 등껍질이 부서져도, 속살이 파여 쓰라려도 위를 주시하며 이동하는 일은 나를 다른 세계로 안내한다. 그냥 지나가면 볼 수 없는 세상. 머리를 처박고는 알 수 없는 세계가 있다. 나는 그 세계에 열려 있기 위해 노력했고, 그것을 표출하기 위해 나의 모든 것을 걸고 걸어왔다. 그것이 이번 세 번째 작품이다.

　모두들 효율적으로 굴리기 위해 똥을 둥글게 만든다. 그러나 나는 보았다. 효율을 따지지 않은 거미의 작품과 제비의 가능성을. 그들도 나처럼 조금 다른 생각을 갖고 세상에 접근했을 게다.

　어제는 두해살이도 넘긴 것처럼 보이는 아주 큰 쇠똥구리를 만났다. 나보다 더 검붉은 껍질을 반짝이며 내가 이제껏 본 것 중에 가장 큰 경단을 굴리고 있었다. 그는 내 작품

궂은 날-a hard day

을 바라보며 그렇게 만들면 굴리기에 불편하지 않느냐고 물었다. 나는 그렇다고 대답했다. 그런데 왜 그렇게 힘들게 사느냐고 했다. 나는 제비와 거미집 얘기를 두서없이 쏟아냈다. 그는 알아들을 수 없다는 표정으로 혀를 끌끌 차며 유유히 그 자리를 벗어나는가 싶더니 나와의 거리가 조금 더 멀어지자 방향을 틀어 빠르게 똥을 굴리며 떠나갔다. 나는 작아지는 큰 경단을 바라보며 부러움과 더불어 초라함을 느꼈다. 순간 그를 쫓아서 어찌 그리 큰 경단을 굴리는지 방법을 배우고 싶은 마음도 꿈틀거렸지만 이내 꾹 참았다. 그러기엔 내 자존심이 허락지 않았다. 나도 무더기를 벗어날 때엔 가장 큰 똥덩어리를 챙겨 나왔었으니까. 지금 이렇게 특이한 모양인 것은 내가 먹어서가 아니라 작품을 만들기 위해서니까.

요즘같이 뜨거운 여름날 오후가 되면 다들 잠시 쉬어간다. 그러나 나는 쉴 수가 없다. 이 시간은 포식자들도 쉬는 시간이니 조금이라도 안전하게 거리를 좁히려면 부지런히 움직여야 한다. 내 고향은 아직도 한참을 더 움직여야 다다를 수 있는 곳에 있고, 도착할 때에는 작품이 절반으로 줄어 있을지도 모른다. 그래도 나는 그곳에 다다르면 새끼에게 충분한 양의 작품을 놓아줄 수 있을 것이다. 아마 어린 녀석은 이게 똥인지 작품인지 구분할 수 없을 테지만, 그건 중요치 않다. 지금 내가 작품을 이렇게 어렵게 만들고 힘든 방식으로 이동하는 것은 나를 위하기 때문이다. 어째서 내가 그 먼 곳에서 날갯짓을 시작했는지는 모른다. 그저 주어진 운명이고 나는 다시 그곳을 향해 갈 뿐이다. 바뀔 수 없는 현실과 바꿀 수 있는 과정에서 내가 만족할 수 있는 길을 선택한 것뿐이다.

다행히 풀이 우거진 곳에 다다랐다. 이제 이 짧은 숲을 지나고 다시 벌판의 언덕을 건너고 나면 내 목적지에 다다를 것이다. 햇빛도 피해갈 겸 그늘 속으로 진입한다. 숲속에는 흥미로운 볼거리가 다양하지만 위험요소도 훨씬 더 많아진다. 좋아하진 않지만 언제까지나 피해갈 순 없다.

작품을 덜어내는 방식은 여러모로 유용하다. 조금 떼어 먹음으로 독특함을 더할 수 있고, 무엇보다 자식에게 느낄 죄의식을 덜어준다. 어쩌면 녀석도 미로 같은 작품을 헤매며 재미를 찾을지도 모를 일이다.

주린 배를 달래며 이동하는데, 어느새 작은 애벌레 한 마리가 옆에서 함께 걷고 있다. 그런데 이 녀석은 나뭇가지에 매달리지도 않았는데 제 몸에 고치를 짓고 있다. 그것도 마치 벌집 모양을 연상시키는 육각 면들을 등 위에 얹고 움직이고 있다.

이렇게 특이한 경단은 처음보네.

나도 이렇게 독특한 고치는 처음 봐. 게다가 너는 가지에 오를 만큼 충분히 성장한 것도 아니잖아.

응, 곧 나무에 오를 건데 오르기 전에 실험을 할 게 있어.

어떤 실험?

둥글게 감싸는 것보다 견고하고 아름다운 것.

거미는 없었고 제비는 무서웠지만 작은 애벌레와 각자의 작품에 대하여 논하는 것은 즐거운 일이다. 비록 방식과 재료, 형태와 크기, 색깔과 용도가 전혀 다른 것들이지만 그와 내가 생각하는 공통된 지점을 느낄 수 있다. 그는 이 숲에서 태어나 그 끝이 어디인지 모르지만 끝에 이를 때까지 자신에게 가장 어울리는 나뭇가지를 찾을 거라고 말했다. 나는 이 숲의 끝을 보았으니 나와 함께 동행하면서 서로의 작품에 대한 이야기를 나누자고 했다. 그는 여백에 대한 이해가 높았다. 내 작품의 여백이 조금 헐거우니 육각으로 파보면 어떻겠냐고 조언했다. 나는 작품을 수정하면서 힘이 솟았다. 나는 그의 작품이 크기에 비해 가벼워서 무척 놀랐다.

게다가 그는 자기 몸에서 재료들을 쏟아내고 있어서 많이 부러웠다. 그의 작품은 견고하고 단단하게 보였지만 실제로 만져보면 부드럽고 푸근했으며, 손이 닿기를 기다린 것처럼 유연하게 손을 감싸 안았다. 어떻게 이런 재료로 작품을 만들 수 있는지 마냥 신기하고 놀라웠다. 그는 나의 작품이 유기적인 형태를 띠고 있지만 구조적으로 단단하고 밀도가 높다며 감탄하는 것 같았다.

우리는 서로의 작품을 감상하고 만지며 궁금한 부분을 묻고 얘기 나누면서 한동안 숲길을 거닐었다.

그때 검붉은 전사 무리들이 나타났다. 나는 재빨리 작품에 구멍을 내고 애벌레를 그 속으로 밀어 넣었다. 들키지 않으려고 구멍을 급히 메우고 작품을 굴리기 시작하는데, 나타난 무리들이 애벌레를 찾고 있다고 말했다. 나는 나뭇잎이 많은 쪽으로 지나갔다고 둘러댔다. 다행히 내 작품에서 풍기는 냄새에 애벌레의 자취는 감춰진 듯했다. 무리가 떠나고 한참 동안 그곳을 벗어나는 데에 집중했다. 아마도 애벌레는 괴로웠을지도, 롤러코스터를 타는 듯 즐거웠을지도 모른다. 잠시 후 애벌레가 큰소리를 질러서 급히 멈추었다. 작품 밖으로 나온 애벌레는 아쉽지만 여기에서 헤어져야겠다고 말했다. 그는 구르는 작품 속에서 마음에 드는 나뭇가지를 발견했다고 말했다. 과연 내가 보기에도 아래로 뻗은 모양이 범상치 않았고, 주변 나뭇잎에 둘러싸인 게 안전하게 보였다.

다시 만날 수 있을까?

아마도 내가 날게 되면.

짧은 인사를 마치고 우린 각자의 길을 향해 멀어졌다.

이젠 해가 많이 넘어가 있었고, 숲의 끝을 향해 치닫고 있다.

이제부터는 나 자신과의 싸움이다. 더 이상 나의 작품에 대하여 논해줄 이도 없고, 작품의 완성도를 높인다며 떼어먹다간 나른함을 이기지 못해 그만 드러누울지 모른다. 다행히 그늘에서 오래 움직이며 작품이 충분히 다져진 탓에 벌판으로 나간다 해도 쉽게 부서지진 않을 것이고 아까와는 다르게 달궈진 벌판은 식어가고 있다.

그래도 더디고 힘든 걸음의 연속이다.

이젠 하늘을 바라보는 것이 의미가 없을 정도로 구름 한 점 없는 푸른빛이다. 아니 하늘색이라고 해야 할까. 하늘색은 참 바보 같은 말이다. 하늘은 푸르기도 하고 회색빛이기도 하며 매일 저녁 붉게 물들기도 하는데, 그 총천연색 중에서 도대체 하늘색이란 무엇이란 말인가.

벌판은 이렇게 나를 상념에 젖게 만드는 힘이 있다.

태양이 조금씩 시들어가던 그때, 몹시 지쳐 보이는 쇠똥구리가 내 앞에 툭 떨어졌다. 그는 여린 껍질로 무장하고 여기저기 빠르게 기웃거리는 몰골로 보아 자기 세계를 갓 허물고 나온 신참같이 보였다. 그리고 날지도 못할 만큼 몹시 허기져 있었다. 딱 보기에도 작고 초라해 보이는 녀석은 감히 내게 먹을 똥을 달라는 요구조차 하지 못하고 쭈뼛거리듯 내가 지나가는 모습을 주시하며 떨어진 조각이 없는지 살피고 있었다. 나는 내 작품을 조금 떼어주었다. 그는 붉게 상기된 얼굴로 똥을 받아들고 황급히 그 자리를 떠났다.

그는 나와의 짧은 만남에서 작품을 거들떠보지도 않았다.

아마도 그는 똥덩이를 발견한 뒤로 다시는 하늘을 보지 못 할 것만 같다.

머리를 처박고 땅만 훑으며 사는 인생이 그려진다.

땅을 딛고 하늘을 바라며 살아야지.

하지만 어두워진 하늘 바라보기를 잊고 기어가는 내 꼴이 이제 그만 걸음을 멈출 때가 되었나보다. 태양의 기세는 완전히 사라지고 반만 남은 달님이 어느새 자리 잡았다. 곧 수

많은 별들이 하늘을 뒤덮겠지.

  오늘의 여정은 여기까지다. 애벌레가 구르던 자리에 몸을 누이며 생각한다.

  오늘 하루는 나에게 어떤 의미가 있었는가.
  내가 할 수 있는 가장 중요하고 즐거운 일을 하며 보냈는가.
  나는 계속 이렇게 굴러가도 되는 것인가.

안경진 개인전 〈원형의 폐허들〉, 〈시선들〉, 〈신들의 춤〉, 〈그늘의 새벽〉 등 다수의 전시회를 개최했다.

답안에 주말으에 (동장)

내건 언니 있지아? 나는 예수가야

3-2반) 프러젠에이션 : 복숭아, 딸기, 짱께,
                      담박 등으로... 우아떠는..
                      예) 장군사랑형..

1. 꽃 새가.
   전구 - 나 (누가 타)

   가방한걱

이민가방

A Travel Bag with Large Rollers in Iran

김홍빈

  한국에서는 이민가방이라고 부릅니다, 주로 보따리 장사나 오퍼상 혹은 이민을 가려는 사람들이 최대한 물건을 많이 실어 나르기 위해서 사용하다보니, 고유명사로 쓰이게 되었습니다.

  저는 짐을 옮기기도 하고 동시에 작업을 위한 도구로 사용 가능한 이민가방을 만들었습니다. 가방 밑에는 스케이트보드용 바퀴를 달았습니다. 그 안에서 물건 같기도 하고 사람 같기도 한 불안한 존재가 앞으로 나아가게 됩니다. 이 작업을 통해 저는 이주 혹은 이동하는 상태를 표현하고 싶었습니다. 관객들이 이러한 '불안한 이주행위'를 음미하면서,

자신의 상황에 따라 기억나는 사건을 떠올렸으면 좋겠습니다. 예를 들면, 한 이란인 친구는 나에게 이란 '보트 피플 사건'이 떠올랐다고 말했습니다. 그는 슬픈 표정으로 그 사건에 관하여 이야기했습니다. 매년 수만 명의 사람들이 배를 타고 호주로 밀입국을 시도한다는군요. 작년에는 200여 명의 난민을 실은 배가 호주 영해에서 침몰했고, 그 배에 타고 있던 사람들이 모두 죽었다는 이야기였습니다.

이민과 이주에 관련해서 각 나라마다 슬픈 기억을 지니고 있는 것 같습니다. 숙련되지 않고, 제어되지 않는 신체를 통해 이렇듯 불안한 이주를 보여주고 싶었습니다.

그저께 낮, 난 그 곳에 있었다. 그 도리아식 기둥으로 둘러싸인 분수광장에.

그녀의 친구와 그 친구의 친구도 함께 있었다. 그녀는 자주색 옷을, 친구들은 검정색 옷을 입고 있었다. 광장은 하얀 대리석으로 만들어져 있었다. 나는 이민가방에 숨어서 그들을 바라보았다.

클라리넷이 슬프고 애절하게 흘려보내는 것을 제외하고는 모두들 말없이 침묵을 지켰다. 헉헉대는 숨소리가 가방 안에 울린다.

확성기를 통해서 코란을 암송하는 소리가 가방 밖에서 흘러오면서 소음이 되어 조화를 이룬다.

마들렌은 깊은 사색에 잠긴 듯이 시무룩한 얼굴로 턱을 괴고 내 건너편에 앉아 귀를 기울이고 있었다. 난 그녀의 윤기 있는 다갈색 머릿결과 어린애 같은 목과 얼굴 옆선, 생기 있는 싱싱한 머리칼을 보았다.

이렇게 그럴 듯하게 분위기를 잡고 있는 그녀가 내게는 신비하게 보였다. 그녀가 무슨 이야기를 하는지 알아들을 수 없었던 나였기 때문인지, 그녀의 머릿속은 도통 알아볼 수 없는 아랍문자처럼 상상이 되질 않는다.

이번이 그녀와의 두 번째 만남이다. 그날은 지금과는 아주 다른 모습이었다. 그녀는 친구와 히잡을 쓰고 수영복을 입은 채 자유를 만끽하는 분위기로 매우 환한 표정들이었다. 그녀는 청순하고 아이 같은 장난기가 흘러 넘쳤고, 반짝거리는 눈빛을 갖고 있었다.

해 질 무렵으로 기억된다.

클라리넷, 시냇가, 냇가를 따라 자란 플라터너스, 이 모든 게 기억 속에 떠오른다.
　그러나 지금은 탄력을 잃은 늘어진 모습에 불안감마저 감돈다. 긴 치맛단이 발목까지 뒤덮는 올해의 모드로 맞춰 입은 자주색 옷처럼 그녀는 생활의 노예가 된 듯이 보였다.

　클라리넷은 파도 소리와도 비슷한 멀고도 숨 막힐 듯한 음색으로 멈췄다. 연주자는 숨을 고르며 휴식을 취한다.
　친구의 친구는 걱정이 되어서인지 나에게 짧은 영어로 말문을

열었다.

"Are you OK?"

겨우 웃는 척 할 수 있었지만 질문에는 건성으로 짤막한 대답만 해 주었다.

내 생각은 다른 곳을 향하고 있었다.

두 명의 프랑스 청년을 만났던 때를 회상했다.

약 10년 전 여름이었던가.

나는 파리 외곽에 갔었다. 오후 4시인 걸로 기억난다.

흐린 날씨에 거리는 한적했다. 나는 강화유리로 된 버스 정거장과 연결된 공중전화박스로 들어갔다. 검정색 가죽지갑을 꺼냈다. 그 안에는 지폐가 없었다. 플라스틱으로 만든 카드들만이 있었다. 나는 그 중에서 왼쪽에 끼어 있던 공중전화용 카드를 엄지손가락으로 살짝 밀었다. 국제전화카드였다. 숫자들이 보였고, 사용 방법이 그려져 있었다. 나는 떨어지지 않게 검지로 그것을 잡았다. 그리고 육중한 느낌의 국제전화카드 삽입구에 그것을 넣었다. LED 화면이 밝아졌다. 그 안에서 숫자들이 흘러갔다. 나는 '삐-' 소리를 들으며, 잠시 동안 멍해 있었다. 등 뒤에서 사람들이 기다리고 있다. 뭐라고 말을 한다. 국제전화카드는 버튼을 잘못 누르면 또 다시 한참을 기다려야 하기 때문에 긴장된 마음으로 기다리고 있다. 뒤에서 자꾸 말을 건다. 전화를 오래 쓴 것도 아닌데, 뒤에서 뭐라고 하니깐 신경이 거슬린다. 어머니한테 송금해달라고 말하려니 긴장이 되는데.

무언가가 등을 건드린다. 나는 뒤로 돌아보았다. 두 명의 청소년이 보였다. 뭐라고 욕을 하는 것 같다. 짧고 빨리 말해서 알아들을 수가 없다. 다시 말해달라고 청해본다. 이런 상황에서 기다리는 사람이 원하는 건 빨리 끊으라는 것밖에는 없다. 쉬운 프랑스어 회화일 터인데 알아들을 수가 없다. 대충 알아듣는 척하고 좀 기다리라고 말했던 것 같다. 키 큰 놈의 팔이 전화박스 안으로 쑥

들어왔다 나간다. 키 큰 놈의 손에는 검정색 가죽지갑이 들려 있다.

그때서야 상황이 파악되었다. 지갑을 주머니에 넣지 않고 공중전화기 위에 올려놓았던 것이다. 나는 지갑을 잡고 있는 손을 보았고, 그 앞에는 땅딸막한 녀석이 과도칼을 잠바 속에서 보여주고 있었다. 나는 지갑으로 손을 뻗었다. 땅딸막한 놈 어깨에 내 겨드랑이가 걸쳐졌다. 그 놈은 몸을 수그려서 나의 엉덩이를 향해 손을 바삐 움직였다. 나는 엉덩이가 따끔거리는 것을 몇 방 느꼈다. 두 놈은 까불지 말라는 눈빛을 쏘면서 멀어져 갔다. 나는 도움을 청하려고 버스 정류장 안을 보았다. 중년의 프랑스인이 앉아 있었다.

나는 도움을 바라는 눈으로 그녀를 쳐다보았다. 그녀의 연두색 잠바와 고무 밴드가 들어간 긴 치마, 평범한 머리, 장바구니와 가방, 그리고 파란 눈을. 그러다 문득 지갑에 돈 한 푼 들어 있지 않다는 생각이 들었다.

'돈이라도 들어 있었다면 덜 억울할 텐데.'

그녀는 프랑스로 이주한 외국인 애들끼리 싸움박질 하는 것으

로 생각하는 것 같았다. 모르는 척, 관심 없는 척, 말려들기 싫은 본능을 드러내지도 숨기지도 않은 채 버스가 오는 방향을 바라보고 있었다.

이런 지나간 장면들이 내 눈 앞에서 스쳐가는 동안, 그녀의 친구의 친구는 나에게서 멀어져갔다. 나는 "삐-" 하는 소리를 들었고, 멍해졌다. 비틀거렸고, 스케이트보드에서 넘어졌다. 난 옆으로 넘어지면서 얼핏 보았다. 마들렌이 일어나는 모습을.

마들렌은 쓰러져 있는 나에게 와서 미소를 머금고 말했다.

"홍빈아, 괜찮아?"

나는 그때, 눈물이 날 뻔했다.

이 에세이는 이란 소설가 서데그 헤더야트가 쓴 단편소설 「마들렌」*을 기반으로 재창작한 글입니다. 저는 '노마딕 레지던시-이란 지원프로그램'에서 후원하는 〈안전감시체계〉 퍼포먼스 프로젝트 팀으로 참여하게 되었습니다. 작품을 준비하면서, 서데그 헤더야트를 알게 되었고, 그의 작품을 오마쥬하고 싶었습니다. 원작인 「마들렌」은 여자친구와 첫 만남을 잠시 회상하는 짧은 글입니다. 회상의 모티브가 된 것은 〈미시시피〉라는 음악이였고, 현실로 되돌아오는 것도 그 음악 소리 때문입니다.

회교가 국교인 이란에서는 하루에 몇 번 기도 시간을 알리는 사이렌이 울립니다. 그들에게는 그것이 생활에 박자를 넣어주는 신호겠지요. 그 나라 사람이 아닌 저에게 사이렌 소리는 깜짝 놀랄 정도의 사건이었습니다. 한국에서는 민방

---

* 「사면」, 서데그 헤더야트 작, 김영현 옮김, 77~81p, 한국외국어대학교 출판부

위 훈련을 알리는 사이렌 소리밖에 없었으니까요. 우리에게 그 소리는 15분간 정지하라는 신호입니다. 신을 잊지 말라는 신호를 분단국가에서 온 저는 남침을 잊지 말라는 신호로 받아들이게 되더군요. 하루에도 몇 번씩이나요.

친숙한(?) 소리가 다른 공간에서 완전히 다른 의미로 울릴 때, 저는 10년 전의 일들이 떠올랐어요. 파리에서 만났던 이주민 출신 비행청소년과 있었던 사건이 생뚱맞게도 떠오른 거죠. 당시에 중동계로 보이던 키 작은 사람과 이란이라는 공간이 겹쳐서 그랬을지도 몰라요.

회상을 깨우는 마들렌의 부드러운 목소리가 10년 전 나에게 괜찮다고 토닥여주는 것 같았어요.

김홍빈 개인전 〈헤어진 옷 프로젝트〉, 〈국도의 아이들〉, 〈짬짜면 프로젝트〉 등을 개최했으며, 『Penisism, Orgasm』을 출간했다.

문래동 앤솔로지

그럴 수밖에 없는 그릴 수밖에 없는

시각예술작가 아홉 명의 그림 에세이

ⓒ 시각예술작가 9인, 2018

초판 1쇄 발행 2018년 10월 31일

지은이 나현정 박혜원 정정화 양해영 이록현 송호철 현병연 안경진 김홍빈
펴낸이 김태형
펴낸곳 청색종이
큐레이터 양해영
표지 박혜원 이록현
등록 2015년 4월 23일 제374-2015-000043호
주소 서울시 영등포구 문래동2가 14-15
전화 010-4327-3810
팩스 02-6280-5813
이메일 theotherk@gmail.com

ISBN 979-11-89176-08-2

이 책은 저작권법에 따라 보호받는 저작물이므로 저작권자와 출판사의 허락 없이 복제하거나 다른 용도로 사용할 수 없습니다.

이 책은 영등포구청의 '문래공공예술지원사업'에 선정되어 제작했습니다.

값 13,000원